マンガでわかる！
はじめての
簿記入門

添田裕美 著　　なとみみわ 漫画

西東社

はじめに

私たちの実生活において、「お金」はついて回るものです。
だったら、そのルールを知っていた方が有利だと思いませんか？

「簿記を勉強したいけど、数字が苦手だから私には難しい」
といわれることがよくあります。

確かに簿記は馴染みがないと、ルールや用語などとっつきにくい部分があります。
でも、そのルールを身近な事柄に置きかえて考えたり、
丸暗記するべき用語はとにかく覚えたりして、
なんとなくでもイメージすることができれば、簿記は決して難しくありません。

本書は、簿記に興味はあるけどまだまだよくわからないという方のために、
できるだけ身近な事柄に置きかえ、カンタンに学べるよう
マンガを使って解説しています。

また、検定試験対策ではなく、実際に使う可能性の高い仕訳を多く取り入れました。
すでに実務に携わっている経理ビギナーの方でも、実務で活かせると思います。
簿記は、最終的には「習うより慣れろ」なので、実際に仕訳をしてみてください。

本書をきっかけに、簿記に楽しく触れていただけたら幸いです。

添田裕美

Contents

この本の登場人物紹介 …………………………………… 8

PART 1
簿記って何？ ……………………………… 9

簿記を知っていると得する？ …………………………… 10
簿記って何のために必要なの？ ………………………… 12
簿記は語学といっしょ！ ………………………………… 14
簿記の種類って？ ………………………………………… 16

PART 2
簿記をざっくり学ぼう！ ……………… 19

簿記のゴールは決算書を作ること ……………………… 20
簿記のざっくりとした流れ ……………………………… 22
簿記で一番大切なのは仕訳 ……………………………… 24
仕訳のルールはこれだけ！ ……………………………… 26
転記は写すことじゃない？ ……………………………… 28

【ひろみ先生の特別講座 vol.1】
～初心者が最初につまずく簿記用語～ ………………… 30

PART 3
貸借対照表をマスターしよう！ ……… 31

貸借対照表で何がわかるの？ …………………………… 32
会計期間って何？ ………………………………………… 34

資産って何？ ……………………………………………… 36
資産の勘定科目にはどんなものがあるの？ …………… 38

【仕訳の実践】
銀行にお金を預けたら？　～預金の仕訳～ ……………… 42
現金を引き出したら？　～現金の仕訳～ ………………… 44
いくら必要かわからないけどお金が必要なときは？ …… 46
～仮払金の仕訳～
売れた商品がカード払いだったら？　～売掛金の仕訳～ … 48
個人的なお金を会社から借りたら？　～貸付金の仕訳～ … 50
社用車を買ったら？　～有形固定資産の仕訳～………… 52
商標権を購入したら？　～無形固定資産の仕訳～ ……… 54
会社を設立する前に使ったいろいろな費用は？ ………… 56
～繰延資産の仕訳～
他の企業の株券を買ったら？　～有価証券の仕訳～ …… 58
代金の支払いが手形だったら？　～受取手形の仕訳～……… 60

負債って何？ ……………………………………………………… 62
負債の勘定科目にはどんなものがあるの？ ……………………… 64
【仕訳の実践】
銀行からお金を借りたら？　～借入金の仕訳～ ………… 66
商品を後払いで仕入れたら？　～買掛金の仕訳～ ……… 68
買掛金を約束手形で支払ったら？　～支払手形の仕訳～ … 70
備品をカード払いしたら？　～未払金の仕訳～ ………… 72
従業員の所得税は？　～預り金の仕訳～………………… 74

純資産って何？ …………………………………………………… 76
純資産の勘定科目にはどんなものがあるの？ …………………… 78
【仕訳の実践】
会社の立ち上げのための資本金は？　～資本金の仕訳～ … 80
増資のときに資本金としない金額はどうするの？
～資本準備金の仕訳～ ……………………………………… 82
株主の配当利益は？　～利益準備金の仕訳～…………… 84

【ひろみ先生の特別講座 vol.2】
～5つのグループと純利益の考え方～ ……………………… 86

PART4 損益計算書をマスターしよう！ ……… 89

損益計算書で何がわかるの？ …………………………… 90

収益って何？ ………………………………………… 92
収益の勘定科目にはどんなものがあるの？ ………… 94

【仕訳の実践】
商品が売れたら？　～売上の仕訳～ ……………………… 96
利息を受け取ったら？　～受取利息の仕訳～ …………… 98
有価証券を売ったら？ ………………………………… 100
～有価証券売却益の仕訳～
現金が多いときは？　～現金過不足の仕訳～ ………… 102

費用って何？ ………………………………………… 104
費用の勘定科目にはどんなものがあるの？ ………… 106

【仕訳の実践】
商品を仕入れたら？　～仕入の仕訳～ ………………… 110
お店を始めるのに店舗を借りたら？ …………………… 112
～地代家賃の仕訳～
お店で使う椅子を購入したら？　～消耗品費の仕訳～ …… 114
得意先を接待したときの費用は？ ……………………… 116
～交際費の仕訳～
仕入れのために使ったタクシー代は？ ………………… 118
～旅費交通費の仕訳～
お店の電気代を支払ったら？　～水道光熱費の仕訳～ … 120
お客さまに送るハガキ代は何費？　～通信費の仕訳～ … 122
印紙代は通信費ではないの？　～租税公課の仕訳～ …… 124

アルバイトに給与を支払うときは？ ……… 126
～給与手当の仕訳～

お店の火災保険料を支払ったら？ ……… 128
～支払保険料の仕訳～

お店の棚を売って損が出たら？ ……… 130
～固定資産売却損（益）の仕訳～

こういうときって何費？ ……… 132

【ひろみ先生の特別レッスン vol.1】
～仕訳の総合練習問題～ ……… 134

PART 5
決算の手順を学ぼう！ ……… 137

決算手続きって何？ ……… 138
決算書を作るまでの流れ ……… 140
試算表って何のために作るの？ ……… 142
残高試算表の作り方 ……… 144

【ひろみ先生の特別レッスン vol.2】
～試算表作成の練習問題～ ……… 146

決算整理って何？ ……… 150
売上原価の計算って？ ……… 152

【決算整理の実践】
期末に売れ残った商品はどうするの？ ……… 154
～繰越商品の仕訳～

減価償却って何？ ……… 156

【決算整理の実践】
車の減価償却費はどう計算する？ ……… 158
～減価償却費の仕訳～

費用の繰延と収益の繰延って？ ……… 160

【決算整理の実践】
期首に2年分の保険料をまとめて支払っていたら？ … 162
~費用の繰延の仕訳~

費用の見越と収益の見越って？ …………………………………… 164

【決算整理の実践】
決算をはさんでお金を借りていたら？ …………………… 166
~費用の見越の仕訳~

会社が決算をはさんで社長にお金を貸したら？ ……… 168
~収益の見越の仕訳~

【番外編】
決算整理した仕訳は翌期にどう繰り越す？ ……………… 170
~再振替の仕訳~

貸倒引当金繰入って何？ …………………………………………… 172

【決算整理の実践】
売掛金が残っている会社が倒産しそうなときは？ …… 174
~貸倒引当金繰入の仕訳~

貸借対照表と損益計算書の作り方 ……………………………… 176
精算表って何？ ……………………………………………………… 178

【ひろみ先生の特別講座 vol.3】
~発生主義の原則と費用収益対応の原則~ ……………………… 180

【付録】簿記の流れの総まとめ ………………………………… 181
~雑貨屋 hana の仕訳から決算書ができるまで~

この本の登場人物紹介

雑貨屋hanaの社長
鈴木さち子

OLをしていたが、29歳にして起業。しかし簿記の知識はほぼゼロに等しく、実務で苦戦。ひろみ先生に相談しながら、日々成長していく！？

女性カリスマ税理士
ひろみ先生

簿記初心者にも、カンタン＆わかりやすい解説をしてくれると定評があるカリスマ税理士。いつもやさしくて、頼りになる先生。

さち子OL時代の元上司
藤木部長

毒舌で面倒見のいいさち子の元上司。ひろみ先生は大学の後輩。雑貨屋hanaとさち子を陰ながら応援する。

雑貨屋hanaのアルバイト
山口くん

雑貨屋hanaでアルバイトとして働く大学生。さわやかでまっすぐな好青年。店長であるさち子の前向きなところを実は尊敬している。

PART 1
簿記って何？

PART 1 簿記って何？

簿記を知っていると得する？

簿記は、経理の仕事に携わる人だけが知っていればいいものでしょうか？
決してそんなことはありません。一見簿記とは関係のない職業であっても、
簿記を知っておくと、役に立つことが実はけっこうあります。

■ 簿記は交通ルールを示す道路標識と同じようなもの

コマ1： 雑貨hana（店舗外観）

コマ2：
- 藤木部長（さち子OL時代元上司）：「お店の方はどうだね？」
- さち子：「おかげさまで、ぼちぼちお客さんは入っています。」

コマ3：
- 藤木部長：「経理はちゃんとできているかい？」
- さち子：「参考書とか買って勉強しているんですけど、意外と難しいんですよね。」
- 「…何コレ？」
- 「いや、かなり難しいか？」

コマ4：
- 藤木部長：「君のことだからそうじゃないかと思って税理士の先生を連れてきたよ。」
- さち子：「君のことだから？ムカッ…」
- 「フッ…」

コマ5：
- 「私の大学の後輩で税理士をしている、ひろみ先生。カリスマ税理士といわれるほど優秀な先生だから、相談するといい。」

はじめまして。
鈴木さち子です。
よろしく
お願いします！
ペコリ
こちらこそ
よろしく。
うわー美人〜
簿記は難しく考えないで、
1つのルールだと
思えばいいのよ。
簿記
入門
例えば、車を運転するには
一定のルールを
守らなければいけません。
そのルールを表示するものが
道路標識。
止まれ
同じように、簿記も
日々の取引で動く
「お金」や「もの」の
流れを一定の
ルールに基づいて
わかるように
表示しているだけ
なのです。

みなさんも
難しく考えないで！
楽しくカンタンに
簿記を学びましょう！

PART 1 簿記って何？

簿記って何のために必要なの？

簿記は何のために必要なのでしょうか。
会社を経営するには、お金を貸す人や株主など利害関係者が関わってきます。
その人たちに会社の経営状態を示すためには共通のルールが必要ですよね？

決算書は会社の健康診断書のようなもの

でも先生、簿記って何なんですか？

カンタンにいうと、**会社の決算書を作るためのルール**のことです。

経営者なのに今さら？

決算書って何ですか？

決算書は
会社の健康診断書のようなもの。
健康診断書には、
「あなたの体はいまこんな状況です」
と誰がみてもわかるように
書いてありますよね？

うんうん

決算書をみれば、経営者が気になる
「いくら儲けたか」と**「いまいくらあるのか」**
などがわかります。
また、お金を出資している人や
銀行などの利害関係者に対して、
決算書という会社の結果を
示すことができます。

いま会社こんなカンジ!!
なるほどー
上々だね
決算書
経営者
株主など

ルールを知っていると、
経済のニュースや
会社の経営状態が
わかるようになるなど、
知っていると
得することも!!

この決算書をもとに、
経営分析や予算管理、
税金などが計算されます。
決算書
要するに決算書をみれば、
会社が儲かっているのかとか、
この会社は危ないとかが
わかるのですね？
そう！でもルールを
知っていないと、
決算書の中身は
理解できません。
確かに。
決算書なんて
数字の羅列に
しかみえないし…
簿記＝一定のルール
そのルールを
まとめたものが簿記です。
さち子さんがこれから
学ぼうとしているのは、
お金やものの流れの
記録に関する一定のルール
のことなのですよ。

PART 1 簿記って何？

簿記は語学といっしょ！

簿記では、専門用語もたくさん出てきます。
初心者はそれだけで挫折してしまう人もいますが、
語学を学ぶのと同じように、慣れるまで根気強く繰り返すことが大切です。

■ 簿記は語学だと思え！

（1コマ目）
う〜ん
わかんないな〜
勘定科目って何？借方と貸方？

（2コマ目）
あー、もう。全然わかんない！！
バタリ…

（3コマ目）
さち子さん、ちゃんと簿記の勉強しているのね？
えらいわ

（4コマ目）
ひろみ先生！でも、全然理解できなくて…。

（5コマ目）
さち子さん、簿記は語学といっしょだと思えばいいのよ。

（6コマ目）
例えば、英語を勉強するときに「アルファベットの順序がなぜこうなのか？」なんて疑問を持たなかったでしょう？

単語でも英文法でも、
そういうものなんだって、
まずは
暗記するでしょう？
簿記だって同じ。
まずは覚えることよ！
なるほどー。
確かに
そうでしたね！
簿記は馴染みのない言葉が多いので、
最初はとっつきにくいものです。
でも語学といっしょで、
何度も繰り返すことで慣れてしまえば、
カンタンなんですよ！
そっか～。
なんかすっごく
やる気が出てきたー！
先生、
ありがとうございます！
さっすがぁ～ カリスマ 税理士!!
テレる
いや～ それほどでも…

最初は理屈ぬきで
覚えることも
大切です！

PART 1 簿記って何？

簿記の種類って？

簿記ではお金やものなど、
手に入れたものと出ていったものとを記録します。
この記録の仕方によって、単式簿記と複式簿記にわけられます。

単式簿記と複式簿記の違い

お小遣い帳や家計簿も単式簿記といって、簿記の一種なんですよ。

家計簿なら私もつけています！

まあ気が向いたときだけですけど…

簿記は、日々の取引で動くお金やものの流れの記録に関する一定のルールと説明しましたよね。

この記録の仕方によって
単式簿記と複式簿記にわけられます。

単式と複式…？

家計簿は、お金を使ったらその使い道を摘要欄に書いて、入金額や支払金額を金額欄に書きますよね。

※30万円の車を買ったらこんなふうに！
これが単式簿記!!

日付	摘要	金額
4/10	車を購入	300,000

16

これは現金の流れ1つ（収入と支出）だけの記録。

現金だけの流れだから、単式簿記？

そうです！そうなると複式簿記は？

現金以外の流れがあるということですか？

その通り！複式簿記は、**取引を2つの側面から**みます。

注 ひろみ先生

例えば、30万円の車を買ったとしましょう。
単式簿記なら現金30万円が減った、という見方ですね。
複式簿記では、「車というものが手に入ったが、
一方で現金30万円が減った」と考えます。
このようにお金とものの流れ、という2つの側面からみます。

科目	金額	摘要	科目	金額
車両運搬具	300,000	車を購入	現金	300,000

※これが複式簿記!!

簿記の種類って？ | 17

単式簿記と複式簿記

単式簿記…お金やものの出入りを1つの側面からみる。
　　例えば　家計簿・お小遣い帳

複式簿記…お金やものの出入りを2つの側面からみる。
　　例えば　会社の経理

なるほど！
じゃ、この間思わずケーキを衝動買いしてしまって金欠だけど、おかげでストレスが発散されてよかった！って考えればいいのですね。

そういうこと！！

できるじゃないさちえさん

おかげで体重が増えた…って考え方もあるけどね…。

ふっ…

藤木部長…

いつからそこに…？

簿記では
お金の流れだけでなく、
ものの流れもあることを
覚えておいて！

PART 2
簿記をざっくり学ぼう！

まずはざっくりとね！

PART 2 簿記をざっくり学ぼう！

簿記のゴールは決算書を作ること

簿記は、決算書を作るための1つのルールです。
それでは決算書とは何なのでしょう？
決算書は、主に2つの表から構成されています。

決算書は貸借対照表と損益計算書で構成される

決算書は会社の健康診断書のようなもの、と説明しましたよね？（p12参照）

決算書は、主に貸借対照表と損益計算書という2つからできています。

決算書とは？

貸借対照表
（いくらあるのか）

損益計算書
（いくら儲けたか）

決算書はこの2つ以外にもありますが、ここではこの2つを覚えておきましょう。

じゃ、最終的には、主にこの2つを作ればいいということですか？

そうですね。貸借対照表は会社の財政状態、損益計算書は会社の儲けを示します。

■5つのグループを覚えよう！

そこで覚えてほしいのが5つのグループ！

貸借対照表は**資産・負債・純資産**の3つ、損益計算書は**費用・収益**の2つ。合わせて5つのグループにわけられます。

決算書は**5つのグループ**から成る

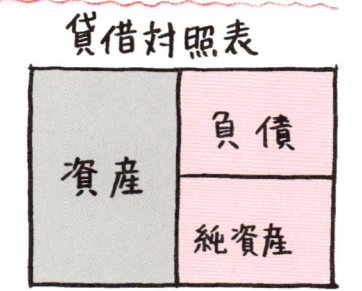

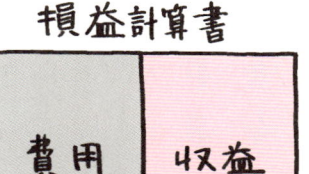

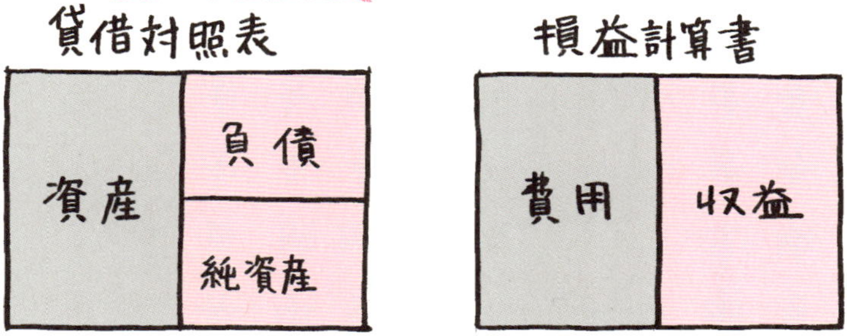

貸借対照表

資産	負債
	純資産

損益計算書

費用	収益

この5つは何を表しているのですか？

それについては、PART3で詳しく勉強しましょう。

この5つのグループは覚えてね!!

ここでは、5つのグループがあるということを覚えておきましょう！

PART 2 簿記をざっくり学ぼう！

簿記のざっくりとした流れ

会社の経理担当の人は、日々どういう作業をして最終的に決算書を作るまでに至るのでしょうか。そのざっくりとした流れを掴んでおきましょう。

スタートは仕訳、ゴールは決算書

取引→仕訳
→総勘定元帳に集計
→試算表→試算表の修正
→決算書の作成

では、決算書を作るまでの流れをみていきましょう。

簿記の出発点は日々の取引（p30 参照）。

例えば「30万円の車を購入した」が取引です。

300,000円

取引が発生すると、仕訳（p24 参照）を行います！

これが簿記では最も大事な作業です。

仕訳をしたら**総勘定元帳**（p30参照）に集計されます。

※この集計作業を転記といってパソコン会計ソフトを使うと便利！

総勘定元帳では現金や旅費交通費、通信費など項目（**勘定科目**p28参照）ごとに集計（**転記**p28参照）されます。

最後に試算表から、貸借対照表と損益計算書を作成します。これが決算書といわれるものです。

簿記全体の流れのまとめ

取引の発生
↓
(1) 仕訳をする
↓
(2) 総勘定元帳に集計
↓
(3) 試算表の作成
　　（決算整理前残高試算表）
↓
(4) 決算整理
↓
(5) 試算表の修正
　　（決算整理後残高試算表）
↓
(6) 決算書の作成
　　（貸借対照表と損益計算書）

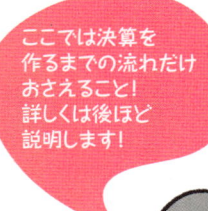

ここでは決算を作るまでの流れだけおさえること！詳しくは後ほど説明します！

PART 2 簿記をざっくり学ぼう！

簿記で一番大切なのは仕訳

簿記でメインとなる作業は仕訳です。
仕訳とは、1つの取引を理由と結果の2つの側面から表すこと。
つまり、この2つの側面を左（借方）と右（貸方）にわけるのです。

■ 仕訳は理由と結果を1行で表すこと

複式簿記は取引を2つの側面からみることは覚えていますか？

はい！

これを仕訳といいます。仕訳は1行で取引の理由と結果を表すことができます。

左右にわかれていて、左側を借方。

右側を貸方と呼びます。

| かりかた 借方 | かしかた 貸方 |

カリ↙　かし↘
※ひらがなの向きで覚えよう!!

借方（左）　貸方（右）

このように、仕訳とは、理由や結果を借方（左側）や貸方（右側）に振りわけることなのですよ。

へ〜。なるほど。

例えば30万円の車を購入したときの仕訳は、車を購入したから（理由）、現金が30万円減った（結果）ということ！

仕訳は基本的に1行で表せますが、取引が2行以上になることもあります。

【例】30万円の車を現金で購入したときは？

仕訳とは1行で理由と結果を表します。
よって、30万円の車を買った場合は、
「現金で30万円の車を購入したから（理由）、
現金が30万円減った（結果）」
という理由と結果を、左と右に振りわけます。
左と右の数字は必ず一致します。
（※振りわけのルールはp26、27参照）

借方	貸方
車両運搬具 300,000	現金 300,000

理由 →　　　　　　　　　　　　　　← 結果

一致する！！

PART 2 簿記をざっくり学ぼう！

仕訳のルールはこれだけ！

■ 仕訳とは理由や結果を、右（貸方）や左（借方）に振りわけること。
■ それでは、どう振りわけるのでしょうか。
■ 振りわけにはルールがあります。

■ 仕訳のルールは覚えること

> 先生、右と左にどう振りわければいいのですか？

> それにはルールがあるので、下のようになります。

仕訳のルール

1. 資産が増加（＋）したら、借方（左側）に記入する。
2. 資産が減少（－）したら、貸方（右側）に記入する。
3. 負債が減少（－）したら、借方（左側）に記入する。
4. 負債が増加（＋）したら、貸方（右側）に記入する。
5. 純資産が減少（－）したら、借方（左側）に記入する。
6. 純資産が増加（＋）したら、貸方（右側）に記入する。
7. 収益が取消（－）になったら、借方（左側）に記入する。
8. 収益が発生（＋）したら、貸方（右側）に記入する。
9. 費用が発生（＋）したら、借方（左側）に記入する。
10. 費用が取消（－）になったら、貸方（右側）に記入する。

仕訳のルールは
この図で覚えましょ！

ピンク色が定位置で、
定位置では増加、
逆位置では減少します。

借方（左）	貸方（右）
資産 (＋)	資産 (−)
負債 (−)	負債 (＋)
純資産 (−)	純資産 (＋)
収益 (−)	収益 (＋)
費用 (＋)	費用 (−)

仕訳のルールはこれだけ！

PART 2 簿記をざっくり学ぼう！

転記は写すことじゃない？

ある帳簿から別の帳簿に書き写すこと。
これを転記といいます。
イメージがつきにくいので、わかりやすく説明しましょう。

■ 転記は科目ごとにまとめること

簿記では仕訳するとき、勘定科目を使います。

勘定科目？

イメージとしては、小遣い帳でいう摘要欄のこと。

小遣い帳は摘要欄に自由に書き込めますが、簿記では摘要欄の科目（＝勘定科目）が決まっています。勘定科目は、例えば現金、売掛金、買掛金、売上、仕入、旅費交通費などがあります。

※勘定科目はp30をみてね！

例えばタクシー代は旅費交通費の勘定科目を使います。
この勘定科目ごとにまとめた帳簿を総勘定元帳といいます。

へぇ〜

日々の仕訳を、勘定ごとに整理したのが総勘定元帳ですが、パソコンの会計ソフトを使用している場合は、仕訳したものが各勘定科目に自動的に転記されて、科目別に集計されます。

最近ではほとんどをパソコンがやってくれますよ。

例えば、こういう取引は…

10/8 現金で10,000円の商品を仕入れた。

10/15 現金で15,000円の商品を売上げた。

これを仕訳するとこうなります。

10/8 仕入 10,000 / 現金 10,000

10/15 現金 15,000 / 売上 15,000

これを現金勘定に転記すると、こうなります。

現金
10/15 15,000 | 10/8 10,000

仕訳をした後、現金などの勘定科目ごとに別の帳簿に記入することを転記というのですね！

ひろみ先生の特別講座 vol.1
初心者が最初につまずく簿記用語

「簿記」という言葉は、「帳簿記録」を略したものです。
簿記とはその語源の通り帳簿に記録することで、家計簿やお小遣い帳も立派な帳簿の1つです。
しかし通常、「簿記」とは会社の活動を帳簿に記録することを指します。
ここでは、会社の活動を記録する簿記を学ぶにあたって、
初心者がつまずきやすい簿記用語を解説しましょう。

取引（とりひき）
一般的には商談などがまとまったときに「取引」が成立したといいますが、簿記では単に契約を交わしただけでは「取引」とはいいません。簿記では、代金や商品の受渡しがあったときにはじめて「取引」が発生したといいます。例えば、「20万円が口座に振り込まれた」「30万円の車を購入した」などということです。

仕訳（しわけ）
簿記では、取引が発生したら「仕訳」というものを行います。仕訳とは取引によって生じたお金やものの増減を2つの側面から表すことです。例えば、「30万円の車を購入した」という取引が発生すると、車という資産が30万円増加し、一方で現金という資産が30万円減少した、ということです。この2つの側面を左（借方）と右（貸方）にわけて表したものを「仕訳」といいます。

勘定科目（かんじょうかもく）
簿記では取引が発生して仕訳をするときに、何が増減したのかを記録します。この「増減した何か」について、一定の用語を使って記録することになっています。「勘定科目」とは、この一定の用語のことです。例えば、「30万円の車を現金で購入した」という取引なら、「車両運搬具」と「現金」という勘定科目を使います。資産・負債・純資産・収益・費用の5つのグループの小見出しのようなものです。

転記（てんき）
ある帳簿から別の帳簿に書き写すことを転記といいます。例えば、仕訳をして仕訳帳に記入したら、総勘定元帳という帳簿に書き写されます。

総勘定元帳（そうかんじょうもとちょう）
総勘定元帳は、仕訳したものを勘定科目ごとに集計したものです。例えば、現金勘定をみれば、現金の出入りと残高が記録されています。

PART 3
貸借対照表を
マスターしよう！

PART 3 貸借対照表をマスターしよう！

貸借対照表で何がわかるの？

決算書には、貸借対照表と損益計算書があります。
簿記のゴールは、主にこの2つを作ること。
まずは貸借対照表からみていきましょう。

■ 貸借対照表をみれば、会社の財政状態がわかる

貸借対照表が何を示すものだったか覚えていますか？

えっと、えっと…。

会社の**財政状態**を示すもの、です。

そ・れ・だ

でも先生、会社の財政状態が何なのかがよくわからないのですが…。

会社の財政状態は
資産－負債＝純資産で
表されます。

資産－負債＝純資産

※ 資産＝負債＋純資産
ともいえます。

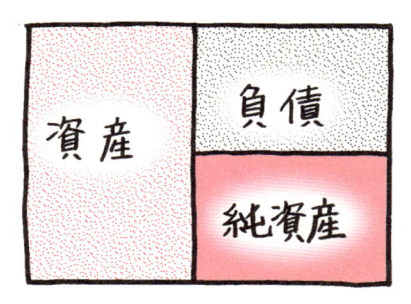

資産・負債・純資産の関係

資産＝負債＋純資産
資産－負債＝純資産
これは左の図で覚えましょう！

貸借対照表をみれば、その会社に負債がどれだけあるのか、また純資産がいくらあるのかがわかります。

例えば、資産10億円（負債9億円＋純資産1億円）のA社と、資産3億円（負債1億円＋純資産2億円）のB社では、どちらの会社の方が財政状態がよいかわかりますか？

A社ですか？

いいえ。よく考えてみて。A社は負債9億円に対して純資産は1億円。

負債9億円
A社

B社は負債1億円に対して純資産2億円。

負債1億円
B社

資産が多いからといって、決して財政状態がよいとは…

限らないんですね〜。

貸借対照表で何がわかるの？ 33

PART 3 貸借対照表をマスターしよう！

会計期間って何？

会社は利益が上がるときもあれば、借金をすることもあります。
つまり、会社の財政状態は常に変化しています。
したがって、貸借対照表はある時点（＝決算日）での会社の財政状態を示しています。

■ 人は何歳と数えるけど、簿記では第何期と数える

（コマ1）
（女性が頭を抱えて混乱している様子）

（コマ2）
男性：ちょうどいいところに〜
男性：簿記の方はどうだい？
女性：部長。会計期間って何のことかわかりますか？

（コマ3）
男性：会計学では、会社はずっと続くことを前提にしているから、どこかで区切る必要があるんだよ。
男性：区切らなければ、財政状態も儲けもわからないだろ？

（コマ4）
男性：任意のある時点からある時点（＝決算日）までを会計期間と定めているが、通常の会計期間は1年なんだ。
女性：ふ〜ん　メモれメモれ

人は何歳と数えるけど…

人でいう誕生日が、会社の決算日だと思えばいいんだ。

人は1年で1つ歳をとるだろう？

1年で1歳

会社は何期と数えるんだよ。

1年で1期

会計期間

4/1 期首　3/31 期末（決算日）

ちなみに会計期間の始まりを**期首**、最終日（＝決算日）を**期末**という。

なるほど…。

貸借対照表は**期末**の**財政状態**を示し、**損益計算書**は**会計期間中（＝期中）**の**儲け**を示したものなんだ。

法人は好きな月から始めることができるが、日本では公的機関に合わせて4月1日から3月31日を会計期間とする会社が多いかな。

へぇ〜

資産って何？

貸借対照表には資産・負債・純資産の3つのグループがあります。
では、会社の財産である資産とはどういうものなのでしょう。
ここでは資産についてみていきます。

資産とはどんなもの？

資産とは会社が所有しているお金やもののことです。
お金とは現金や普通預金などの銀行口座も含みます。
ものとは、車・建物・土地・商品などがあります。

資産のイメージ図

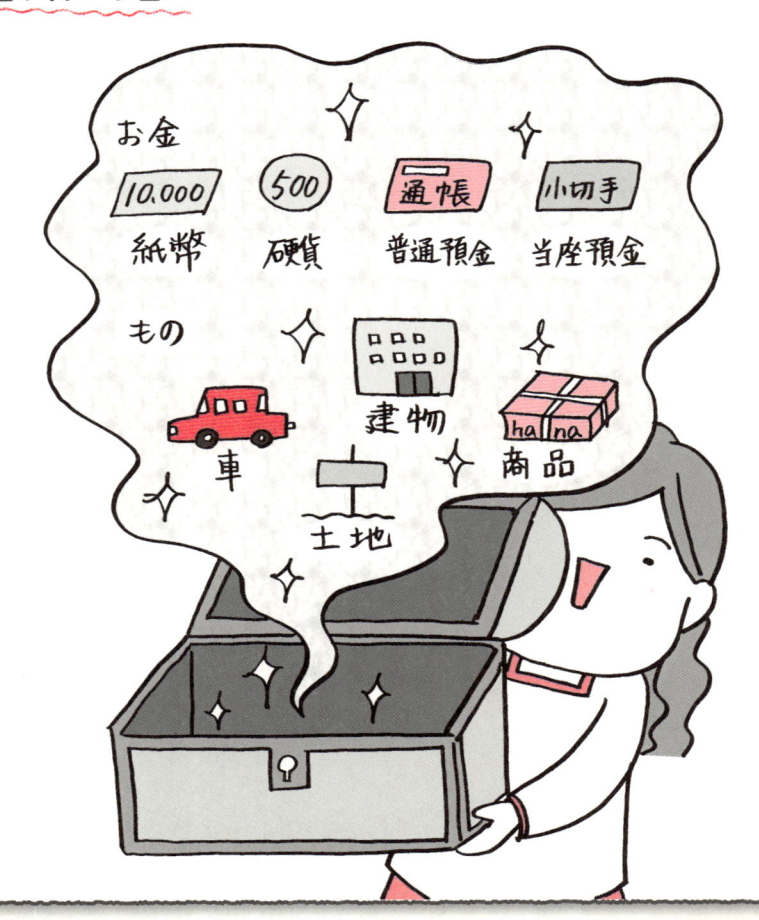

お金
紙幣　硬貨　普通預金　当座預金

もの
車　建物　土地　商品

資産の主な勘定科目

現金　普通預金　当座預金　受取手形　売掛金　貸付金　有価証券
繰越商品　建物　土地　車両運搬具
工具器具備品　商標権　未収入金　仮払金など

資産を専門的に分類すると？

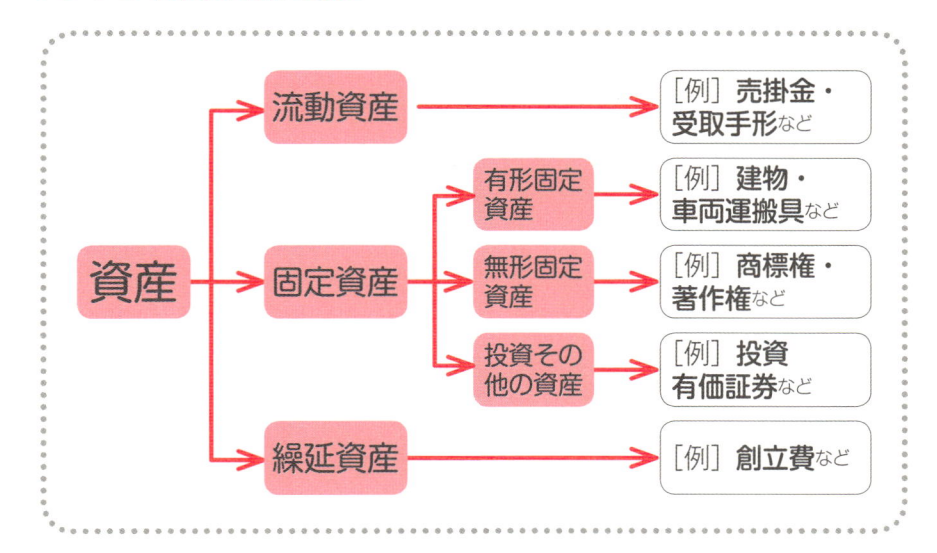

- 資産
  - 流動資産 → [例] 売掛金・受取手形 など
  - 固定資産
    - 有形固定資産 → [例] 建物・車両運搬具 など
    - 無形固定資産 → [例] 商標権・著作権 など
    - 投資その他の資産 → [例] 投資有価証券 など
  - 繰延資産 → [例] 創立費 など

> 流動か固定かをわける基準は契約などが1年以内か1年超かです。固定資産は長期にわたって使用する目的で所有している資産のことです。

資産の勘定科目には
どんなものがあるの？

資産とは会社が所有しているお金やもののこと。
お金には現金や預金、ものには建物や車、商品などがあります。
ここでは、資産の主な勘定科目を紹介します。

現金（げんきん）

簿記でいう現金とは、お財布やレジにあるようなお金（通貨）と、それ以外にも通貨代用証券を含みます。
一般的に現金というとお財布やレジにあるようなお金だけと勘違いしがちですが、トラベラーズチェックや他人振出しの小切手、郵便為替証書、期限の到来した公社債の利札なども現金として扱います。
➡ 詳しくは **p44**

普通預金（ふつうよきん）

会社を設立すると、まず預金口座を作ります。よく使われるのは、いつでも引き出すことのできる普通預金。会社によっては小切手を振り出すことのできる当座預金を使います。
➡ 詳しくは **p42**

当座預金（とうざよきん）

決済用の口座、つまりお金を貯めるための口座ではなく、商品取引の支払いなどをするための口座で、利息はつきません。
支払いを小切手で行う場合には、必ず当座預金からの引落しになります。

> 売掛金は商品を
> ツケで売ったとき、
> 買掛金は商品を
> ツケで買ったときに使います。

受取手形（うけとりてがた）
手形を受け取ったときに使います。手形とは決められた日に決められた金額を支払うことを約束した証書のこと。通常、売掛金よりも回収期限が長く設定されています。
約束手形は2人の取引。手形を作成した人（作成者）が手形を受け取った人（名宛人）に対し、一定の期日に一定の金額を支払うことを約束した証書をいいます。為替手形は3人以上の取引。手形の作成者(A)が受取人(C)に直接支払うのではなく、手形の作成者(A)が売上債権のある得意先(B)に、自分のところ(A)の回収をする代わりに受取人(C)に支払いを約束するよう依頼する証券です。
手形を渡すことを「手形を切る」「手形を振り出す」といいます。
➡ 詳しくは **p60**

売掛金（うりかけきん）
商品をツケ（掛売り）で販売したときに使います。
商品を売ったときにお金が入ってくるのは現金売り。売った相手を信用して、後日代金を受け取ることを約束する販売方法が掛売り。クレジットカードなどで支払いを受け、掛売りになるものを売掛金といいます。
➡ 詳しくは **p48**

繰越商品（くりこししょうひん）
仕入れた商品が、期末（決算日）まで売れずに残ったときに使います。
➡ 詳しくは **p154**

貸付金（かしつけきん）
お金を貸すときに使う勘定科目です。
➡ 詳しくは **p50**

※取引日より後に入金や支払いが発生するものを「ツケ」といいます。商品売買に関しては掛売り、掛買いなどといい、売掛金や買掛金の勘定を使います。本来は簿記用語ではありませんが、わかりやすく説明するために本書では「ツケ」という表現をしているところがあります。

資産の勘定科目にはどんなものがあるの？

> **売掛金と未収入金の違い**
> 商品売買に関するものは売掛金。
> 商品以外のものは未収入金です！

仮払金（かりばらいきん）

未確定な現金の支払いのため、会社のお金を一時的に貸すときに用います。従業員の出張旅費や接待の際によく使います。
例えば、従業員が出張に行く際、旅費などの出張費を渡します。出張先でいくら使うのかがわからないので、使う金額を予想して渡します。このように現金が減ることはわかっているのに、その目的がはっきりしない場合に使います。
➡ 詳しくは **p46**

前払金（まえばらいきん）

商品を仕入れるときに、代金の一部を内金として事前に支払うときに使います。

未収入金（みしゅうにゅうきん）

商品以外のもの（備品や有価証券など）を売って、代金を後で受け取ることにした場合に使います。未収金ともいいます。

有価証券（ゆうかしょうけん）

株券、国債券、公債券、社債券などは、有価証券といいます。
有価証券を持っていると、公社債は利子、株式は配当金がつきます。
値上がりした場合には儲けが出ることもあります。
➡ 詳しくは **p58**

Column

固定資産について

建 物（お店の内装を含む）・土地・工具器具備品（応接セットや机など）・車両などのように長期に渡って使用できる資産のことを固定資産といいます。固定資産の取得価額は購入金額に引取運賃、登記料、買入手数料、据付費用などの付随費用も加算します。価値の減らない一部の固定資産を除き、固定資産は減価償却を通じて費用計上されます。

建物 （たてもの）
ビルや店舗などを建てたときに使います。付随費用も含めます。

土地 （とち）
土地を購入したときに使います。仲介手数料、登記料、整地改良費用なども含めます。

車両運搬具 （しゃりょううんぱんぐ）
会社で使う車やオートバイなどを購入したときに使います。
➡ 詳しくは **p52**

工具器具備品 （こうぐきぐびひん）
事務用にパソコン、コピー機などを購入したときに使います。

商標権 （しょうひょうけん）
商標法に基づいて登録された商標を、独占的・排他的に行うことができる権利を管理するための勘定科目。
商標とは商品やサービスにつけられる標章のことで、文字、図形、記号やそれらの組合せからなります。
➡ 詳しくは **p54**

PART **3** 【仕訳の実践】 貸借対照表をマスターしよう！

Question

銀行にお金を預けたら？

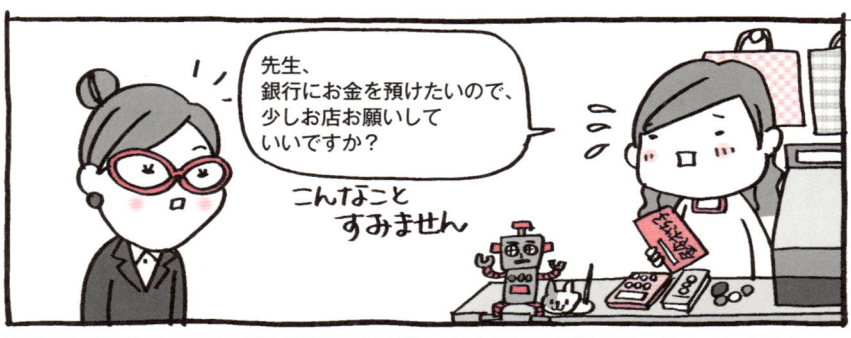

コマ1
先生、銀行にお金を預けたいので、少しお店お願いしていいですか？
こんなことすみません

コマ2
さち子さん、会社の通帳は？会社を立ち上げたら、まず会社名義の普通預金口座を開設しているはずよね？
それは個人の通帳よね？

コマ3
はい。会社の通帳は資本金を入れたままいじっていません。

コマ4
会社のお金は会社の通帳に入金してね。会社と個人の通帳を区別していないと、貸付金の扱いになることもあるので要注意ですよ！

コマ5
ちなみに10万円を銀行に預けたら、仕訳はどうなるのかわかりますか？

「預金」の仕訳として処理します。

会社を設立すると、まず会社名義の預金口座を作ります。
よく使われるのは、いつでも引き出すことのできる「普通預金（ふつうよきん）」です。
会社によっては小切手を振り出すことのできる「当座預金」を使うこともあります。

現金10万円を普通預金に入金した！　というケース

現金という資産が10万円減少し（理由）、
普通預金という資産が10万円増加します（結果）。
資産の増加は借方、減少は貸方に振りわけます。

仕訳のルール！

借方	貸方
資産（+）	資産（−）
負債（−）	負債（+）
純資産（−）	純資産（+）
収益（−）	収益（+）
費用（+）	費用（−）

普通預金
10万円の増加
（資産の+）

現金
10万円の減少
（資産の−）

借方	貸方
普通預金 100,000	現金 100,000

【仕訳の実践】預金の仕訳

PART 3 【仕訳の実践】 貸借対照表をマスターしよう！

Question

現金を引き出したら？

明日は仕入れに行く日だから、現金下ろしておかないと。

チラッ…

先生！会社で使うお金だから、会社の口座から下ろすんですよね？

そうですよ！

意気揚々と銀行に出かけたさち子だったが…

先生、普通預金から5万円下ろしてきたんですけど、仕訳はどうなるんでしたっけ？

Answer

「現金」の仕訳として処理します。

仕訳のなかで最も代表的なものが現金（げんきん）。
簿記でいう現金とは、お財布やレジにあるようなお金（通貨）と、
それ以外にも通貨代用証券を含めます。

現金5万円を普通預金から引き出した！　というケース

普通預金という資産が5万円減少し（理由）、
現金という資産が5万円増加します（結果）。
資産の増加は借方、減少は貸方に振りわけます。

仕訳のルール！

借方	貸方
資産 (+)	資産 (−)
負債 (−)	負債 (+)
純資産 (−)	純資産 (+)
収益 (−)	収益 (+)
費用 (+)	費用 (−)

Check!
通貨代用証券とは？
通貨代用証券とは、すぐに現金に換えることができるもの。小切手や郵便為替証書などのことで、これらは、銀行や郵便局などの金融機関ですぐに現金に換えられます。

現金
5万円の増加
（資産の＋）
↓

普通預金
5万円の減少
（資産の−）
↓

借方	貸方
現金 50,000	普通預金 50,000

【仕訳の実践】現金の仕訳

PART 3 [仕訳の実践] 貸借対照表をマスターしよう！

Question

いくら必要かわからないけど お金が必要なときは？

> 明日は朝から仕入れにいかなきゃ。

> 仕入れにいくらかかるかわからないけど、とりあえず5万円くらいかな？

> レジからお金を抜く＝支払いが生じたということ。でも、その金額がいくら必要かはっきりわからないときには、仮払金として仕訳するんだよ。

> か、仮払金？

「仮払金」の仕訳として処理します。

従業員が出張するときや取引先を接待するときなど
いくらお金がかかるかわからないときやお金の用途が不明なときに使う勘定科目です。
仮払金は一時的に使う勘定で、資産勘定になります。

仕入れのためにレジからとりあえず5万円を抜いた！　というケース

仮払金という資産が5万円増加し（理由）、
現金という資産が5万円減少します（結果）。
資産の増加は借方、減少は貸方に振りわけます。

仕訳のルール！

借方	貸方
資産（＋）	資産（－）
負債（－）	負債（＋）
純資産（－）	純資産（＋）
収益（－）	収益（＋）
費用（＋）	費用（－）

Check!
仮払金は本来の勘定に振り替える

仮払金は金額不明のときなどに一時的に処理しておくための勘定。実際の支出の内容や金額が確定したら、本来の勘定科目に振り替えられます。例えば出張にする際に仮払金で処理していても、出張を終えた段階で旅費交通費などの勘定に振り替えます。（仮払金精算の仕訳は、p135の8とp183の16を参照）

仮払金
5万円の増加
（資産の＋）

現金
5万円の減少
（資産の－）

借方	貸方
仮払金 50,000	現金 50,000

【仕訳の実践】仮払金の仕訳

PART 3 【仕訳の実践】貸借対照表をマスターしよう！

Question

売れた商品が カード払いだったら？

「売掛金」の仕訳として処理します。

商品を売ったときにお金が入ってくるのは現金売り。
売った相手を信用して、後日代金を受け取ることを約束する販売方法が掛売り。
クレジットカード払いは、この掛売りになるので売掛金（うりかけきん）になります。

30万円分の商品が売れて、クレジットカード払いだった！　というケース

売上という収益が30万円増加し（理由）、
売掛金という資産が30万円増加します（結果）。
資産の増加は借方、収益の発生は貸方に振りわけます。

仕訳のルール！

借方	貸方
資産 (+)	資産 (−)
負債 (−)	負債 (+)
純資産 (−)	純資産 (+)
収益 (−)	収益 (+)
費用 (+)	費用 (−)

Check!

売掛金元帳とは？
帳簿には主要簿と補助簿というものがあります。全取引を把握するのが主要簿で、主要簿の補足をするのが補助簿。売掛金は、得意先ごとの残高をつけるために、売掛金元帳という補助簿に記入することもあります。

売掛金
30万円の増加
（資産の+）

売上
30万円の発生
（収益の+）

借方	貸方
売掛金 300,000	売上 300,000

【仕訳の実践】売掛金の仕訳

PART **3** 【仕訳の実践】 貸借対照表をマスターしよう！

Question

個人的なお金を会社から借りたら？

Answer

「貸付金」の仕訳として処理します。

会社が他人や企業にお金を貸した場合には
貸付金（かしつけきん）という勘定科目を用います。
また、会社が社内の従業員などに貸した場合にも使います。

レジから30万円のお金を貸した！ というケース

現金という資産が30万円減少し（理由）、
貸付金という資産が30万円増加します（結果）。
資産の減少は貸方、増加は借方に振りわけます。

> 会社がお金を貸すと利息が発生するので、決算整理で忘れないように！

仕訳のルール！

借方	貸方
資産 (+)	資産 (−)
負債 (−)	負債 (+)
純資産 (−)	純資産 (+)
収益 (−)	収益 (+)
費用 (+)	費用 (−)

貸付金
30万円の増加
（資産の+）
↓

現金
30万円の減少
（資産の−）
↓

借方	貸方
貸付金 300,000	現金 300,000

PART **3** 【仕訳の実践】 貸借対照表をマスターしよう！

Question

社用車を買ったら？

やっぱり、仕入れには車がないと不便だなぁ。

ふっ 重い 重い!!

ドカッ

私の知り合いに、車の中古屋がいるから、安くていい車がないか聞いてみるよ。

ありがとうございます！

ぜひぜひ!! でも部長 いつからそこに。

そして数週間後——車がやってきた。

うん！いい車だ!!

キャー 中古車だけど 私の車よ♡

店内で契約を交わす——

口座はこの普通預金です。

月末の引き落としになります。

はい。

えっ!?

さて、こういう場合の仕訳はどうなるでしょう？

Answer

「有形固定資産」の仕訳として処理します。

車両運搬具、建物、備品など、会社が1年以上使用するもので形のあるものを総称して、有形固定資産（ゆうけいこていしさん）といいます。社用車は車両運搬具の勘定科目を用います。

30万円の中古車を購入し、普通預金から引き落とされる！　というケース

車両運搬具という資産が30万円増加し（理由）、
普通預金という資産が30万円減少します（結果）。
資産の増加は借方、減少は貸方に振りわけます。

仕訳のルール！

借方	貸方
資産 (+)	資産 (−)
負債 (−)	負債 (+)
純資産 (−)	純資産 (+)
収益 (−)	収益 (+)
費用 (+)	費用 (−)

Check!
固定資産の取得価額
固定資産の取得価額は、購入金額に引取運賃・登記料・買入手数料・据付費用など付随費用も加算します。

車両運搬具
30万円の増加
（資産の＋）

普通預金
30万円の減少
（資産の−）

借方	貸方
車両運搬具 300,000	普通預金 300,000

【仕訳の実践】有形固定資産の仕訳

PART **3** 【仕訳の実践】 貸借対照表をマスターしよう！

Question

商標権を購入したら？

さち子さん、ご機嫌ね。どうしたの？

先生、このロゴをお店でも使いたくて買ったんです！

買った？

はい。商標権とかいうので、50万円取られたんですけどねー。

だってかわいいんだもん

パッケージって大事なんだもん

ちゃんと仕訳したのかしら…？

先生、商標権の仕訳を教えてください。

ち、ちかい…

え、ええ…。

よっぽどそのロゴが気に入ったのね…

「無形固定資産」の仕訳として処理します。

商標権のように無形の知的所有権は、無形固定資産（むけいこていしさん）といいます。無形固定資産には、他に著作権や特許権などがあります。

商標権を普通預金50万円で購入した！　というケース

普通預金という資産が50万円減少し（理由）、商標権という資産が50万円増加します（結果）。資産の増加は借方、減少は貸方に振りわけます。

仕訳のルール！

借方	貸方
資産 (+)	資産 (−)
負債 (−)	負債 (+)
純資産 (−)	純資産 (+)
収益 (−)	収益 (+)
費用 (+)	費用 (−)

商標権
50万円の増加
（資産の＋）

普通預金
50万円の減少
（資産の−）

借方	貸方
商標権 500,000	普通預金 500,000

【仕訳の実践】無形固定資産の仕訳

PART 3 【仕訳の実践】 貸借対照表をマスターしよう！

Question 会社を設立する前に使ったいろいろな費用は？

先生、会社を立ち上げる前に使った費用は、自腹になるのですか？

登記費用とか登録免許税とか…

いいえ。会社を設立するためにかかったお金なので、もちろん会社の費用になりますよ。

そうなんですね。よかった〜

会計には**費用収益対応の原則**があります。つまり、**その期の売上（収益）と費用を対応させる**というもの。固定資産の減価償却もこの考え方と同じです（p156参照）。

ただ、会社設立前の費用は設立後の費用と処理が異なるので、要注意です。

会社を設立するために使ったお金は、繰延資産という資産扱いにして、繰延資産償却という形で費用化しますよ。

「繰延資産」の仕訳として処理します。

会社を設立する前に使った登記などの費用は、会社を設立してからの仕訳と異なります。設立前の費用は繰延資産（くりのべしさん）として振りわけます。

会社設立に現金50万円の出費があった！　というケース

現金という資産が50万円減少し（理由）、創立費という資産が50万円増加します（結果）。資産の増加は借方、減少は貸方に振りわけます。

仕訳のルール！

借方	貸方
資産 (+)	資産 (−)
負債 (−)	負債 (+)
純資産 (−)	純資産 (+)
収益 (−)	収益 (+)
費用 (+)	費用 (−)

Check!
創立費は繰延資産
創立費というと費用と思いがちですが、繰延資産の1つです。繰延資産とは、既に支払った代金に対して、支出の効果が将来現れるものを資産として計上するもの。繰延資産には創立費の他に、社債発行費、開業費などがあります。

創立費
50万円の増加
（資産の＋）
↓

現金
50万円の減少
（資産の－）
↓

借方	貸方
創立費 500,000	現金 500,000

【仕訳の実践】繰延資産の仕訳

PART 3 【仕訳の実践】 貸借対照表をマスターしよう！

他の企業の株券を買ったら？

「有価証券」の仕訳として処理します。

株券、国債券、公債券、社債券などは、有価証券（ゆうかしょうけん）といいます。
有価証券を持っていると、公社債は利子、株式は配当金がつきます。
購入時の手数料のような付随費用は購入価額に含めます。

A社の株券35万円と手数料1万円を現金で支払った！ というケース

有価証券という資産が36万円増加し（理由）、
現金という資産が36万円減少します（結果）。
資産の増加は借方、減少は貸方に振りわけます。

Check!
手数料を取得価額に！
有価証券の取得価額は手数料も加算します。手数料は費用なのに資産？　と疑問を持つかもしれませんが、これもルールです。

仕訳のルール！

借方	貸方
資産 (+)	資産 (−)
負債 (−)	負債 (+)
純資産 (−)	純資産 (+)
収益 (−)	収益 (+)
費用 (+)	費用 (−)

有価証券
36万円の増加
（資産の＋）

現金
36万円の減少
（資産の−）

借方	貸方
有価証券 360,000	現金 360,000

【仕訳の実践】有価証券の仕訳

PART 3 【仕訳の実践】 貸借対照表をマスターしよう！

Question

代金の支払いが手形だったら？

電話で得意先A社と話しているさち子。

いつもありがとうございます。
白いお皿を100枚ですね？

A社：支払いは手形でいいかな？

え？ 手形？

え？え？なに？

今月末支払い予定の売掛金を手形にしたいんだけど。

えっと…。
お支払いが手形になる…？
それはいったいどういうこった!?

え？

ひろみ先生助けて〜!!

「受取手形」の仕訳として処理します。

手形とは決められた日に決められた金額を受け取ることを約束した証書のことです。
約束手形は2人の取引、為替手形は3人以上の取引です。
受け取った側は受取手形（うけとりてがた）という勘定科目を使います。

商品の代金40万円を約束手形で受け取った！　というケース

受取手形という資産が40万円増加し（理由）、
売掛金という資産が40万円減少します（結果）。
資産の減少は貸方、増加は借方に振りわけます。

仕訳のルール！

借方	貸方
資産 (+)	資産 (−)
負債 (−)	負債 (+)
純資産 (−)	純資産 (+)
収益 (−)	収益 (+)
費用 (+)	費用 (−)

Check!
為替手形とは？
為替手形は3人以上の取引。手形の作成者（A）が受取人（C）に直接支払うのではなく、手形の作成者（A）が売上債権のある得意先（B）に、自分のところ（A）の売掛金などを回収する代わりに受取人（C）に支払いを約束するよう依頼する証券です。

受取手形
40万円の増加
（資産の＋）

売掛金
40万円の減少
（資産の−）

借方	貸方
受取手形 400,000	売掛金 400,000

【仕訳の実践】受取手形の仕訳

負債って何？

貸借対照表には資産・負債・純資産の3つのグループがあります。
では、負債とはどういうものなのでしょう。
ここでは負債についてみていきます。

負債とはどんなもの？

負債とはいずれ返さなければいけないもののこと。
つまり債務のことです。
ツケ払いや銀行や人からお金を借りたら負債になります。

> 負債とは
> いずれ返さなければ
> いけないもののこと！

負債のイメージ図

借入金
「100万円貸してください」
（銀行員）「3年の約束でお貸ししましょう」

買掛金
「これください」
「10万円になります」
「支払いは末締め、翌末払いで」

負債の主な勘定科目

借入金　買掛金　未払金　支払手形　預り金　など

負債を**専門的**に**分類すると？**

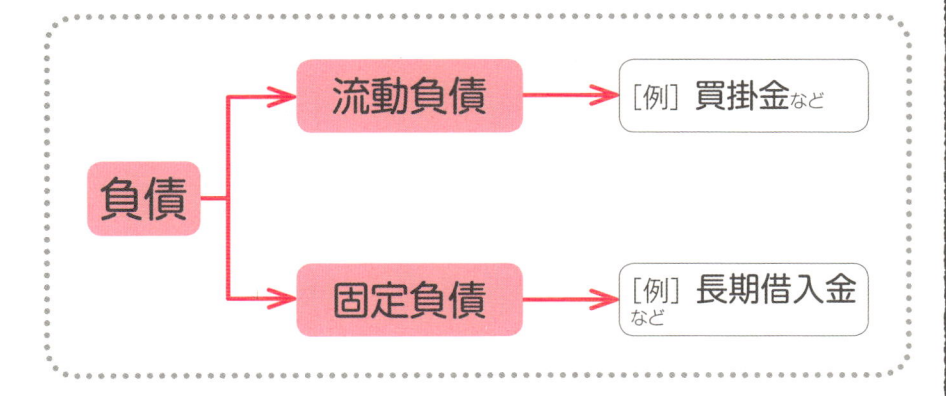

```
負債 ─┬─→ 流動負債 ─→ [例] 買掛金 など
      │
      └─→ 固定負債 ─→ [例] 長期借入金 など
```

流動か固定かを
わける基準は
契約などが1年以内か
1年超かです。

負債の勘定科目には
どんなものがあるの？

負債とはいずれ返さなければいけないもののこと。
負債には借入金や買掛金などがあります。
ここでは、負債の主な勘定科目を紹介します。

支払手形 （しはらいてがた）
手形で支払ったときに使います。
手形とは決められた日に決められた金額を支払うことを約束した証書のこと。通常の買掛金よりも支払期限が長く設定されています。
➡ 詳しくは **p70**

> 支払手形は手形で支払ったとき、
> 受取手形は手形を受け取ったとき！

借入金 （かりいれきん）
お金を借りたときにつかう勘定科目です。銀行などから借金をするときに使います。借入金には短期借入金と長期借入金があり、短期借入金とは借入金のうち決算日から1年以内に返済される予定のもの、長期借入金は返済期限が決算日の翌日から1年を超えるものをいいます。
逆にお金を貸した場合には貸付金になります。
➡ 詳しくは **p66**

> 借入金はお金を借りたとき、
> 貸付金はお金を貸したとき！

買掛金 （かいかけきん）
商品の仕入れに、代金を後日支払う約束をしたときには買掛金という勘定科目を使います。
ツケで商品を仕入れることをを掛買い（かけがい）といいます。
➡ 詳しくは **p68**

> 買掛金は商品をツケで買ったとき、
> 売掛金は商品をツケで売ったとき！

未払金 （みばらいきん）
商品以外のものを購入し、その代金を支払っていないときに使います。
➡ 詳しくは **p72**

> 未払金は商品以外のものをツケで買ったとき、
> 買掛金は商品をツケで買ったとき！

預り金 （あずかりきん）
会社が一時的にお金を預かったときに使います。
例えば、従業員に給料を支払うとき、所得税を差し引いて会社が預ります。
これを預り金といいます。預り金は会社がまとめて税務署に納めます。
➡ 詳しくは **p74**

前受金 （まえうけきん）
商品や業務の提供を行う前に、内金や手付金として代金の一部や全部を事前に受け取るときに使います。

PART 3 【仕訳の実践】 貸借対照表をマスターしよう！

Question

銀行からお金を借りたら？

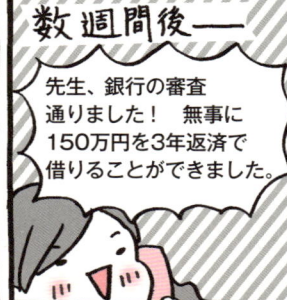

最近ありがたいことにお客さんが増えてきた〜。

もっと商品も増やして売上も上げたいなぁ。

いまのレイアウトだと狭いし、内装も変えたいなぁ。でもお金ないしなぁ。

株券買ったしな…

そうだ！！銀行からお金を借りよう！

早速ひろみ先生に相談するさち子

じゃあその書類を用意します。

数週間後——

先生、銀行の審査通りました！ 無事に150万円を3年返済で借りることができました。

え…？

それはよかった！さて、この場合の仕訳は？

「長期借入金」の仕訳として処理します。

お金を借りたときに使う勘定科目です。
銀行などから借金をするときに使います。
お金を貸した場合は貸付金になります。

銀行から150万円を借りた！　というケース

普通預金という資産150万円が増加し（理由）、
長期借入金という負債150万円が増加します（結果）。
資産の増加は借方、負債の増加は貸方に振りわけます。

仕訳のルール！

借方	貸方
資産 (+)	資産 (−)
負債 (−)	負債 (+)
純資産 (−)	純資産 (+)
収益 (−)	収益 (+)
費用 (+)	費用 (−)

Check!
長期借入金と短期借入金
1年を超えて返済する借入金を長期借入金、1年以内のものを短期借入金といいます。短期借入金は流動負債、長期借入金は固定負債になります。

普通預金
150万円の増加
（資産の+）
↓

長期借入金
150万円の増加
（負債の+）
↓

借方	貸方
普通預金 1,500,000	長期借入金 1,500,000

【仕訳の実践】借入金の仕訳

PART 3 【仕訳の実践】 貸借対照表をマスターしよう！

Question
商品を後払いで仕入れたら？

仕入れ先にて

あ、そうそう。

いつもありがとうございます。30万円になります。

1つご相談なのですが、現金払いではなく、後払いにしていただけませんか？

そうですよね。毎回現金だと資金繰りも大変ですよね。いつもお世話になっているので、後払いでも大丈夫ですよ！

ありがとうございます！

本日の分から、代金後払いにしておきますね？

少しずつ、信頼されてきたのかな～♪

いままでは現金だったから、仕入／現金で仕訳してたけど、今回は現金じゃないからどうなるんだろう？

「買掛金」の仕訳として処理します。

商品の仕入れで、代金を後日支払う約束をしたときには
買掛金（かいかけきん）という勘定科目を使います。
ツケで商品を仕入れることを「掛買い（かけがい）」といいます。

商品30万円を現金後払いで仕入れた！　というケース

仕入という費用が30万円増加し（理由）、
買掛金という負債が30万円増加します（結果）。
費用の発生は借方、負債の増加は貸方に振りわけます。

仕訳のルール！

借方	貸方
資産（＋）	資産（－）
負債（－）	負債（＋）
純資産（－）	純資産（＋）
収益（－）	収益（＋）
費用（＋）	費用（－）

Check!
買掛金元帳とは？
買掛金も、売掛金と同様に得意先ごとの残高をつけるために、買掛金元帳という補助簿に記入することがあります。

仕入
30万円の増加
（費用の＋）

買掛金
30万円の増加
（負債の＋）

借方	貸方
仕入 300,000	買掛金 300,000

【仕訳の実践】買掛金の仕訳

PART **3** 【仕訳の実践】 貸借対照表をマスターしよう！

買掛金を約束手形で支払ったら？

「支払手形」の仕訳として処理します。

手形とは決められた日に決められた金額を支払うことを約束した証書のことです。
この約束手形を支払手形（しはらいてがた）といいます。
通常の買掛金よりも支払期限が長く設定されています。

買掛金30万円を約束手形で支払った！　というケース

買掛金という負債が30万円減少し（理由）、
支払手形という負債が30万円増加します（結果）。
負債の減少は借方、増加は貸方に振りわけます。

仕訳のルール！

借方	貸方
資産 (+)	資産 (−)
負債 (−)	負債 (+)
純資産 (−)	純資産 (+)
収益 (−)	収益 (+)
費用 (+)	費用 (−)

買掛金
30万円の減少
（負債の−）

支払手形
30万円の増加
（負債の＋）

借方	貸方
買掛金 300,000	支払手形 300,000

【仕訳の実践】支払手形の仕訳

PART 3 【仕訳の実践】 貸借対照表をマスターしよう！

Question

備品を
カード払いしたら？

「未払金」の仕訳として処理します。

備品などを後払いで買ったら、未払金（みばらいきん）という勘定科目を使います。ここで注意するのは買掛金との違い。商品を仕入れて代金をまだ支払っていないときは買掛金、商品以外は未払金として処理します。

5万円の備品を買って、カード払いにした！　というケース

消耗品費という費用が5万円発生し（理由）、
未払金という負債が5万円増加します（結果）。
費用の発生は借方、負債の増加は貸方に振りわけます。

仕訳のルール！

借方	貸方
資産 (+)	資産 (−)
負債 (−)	負債 (+)
純資産 (−)	純資産 (+)
収益 (−)	収益 (+)
費用 (+)	費用 (−)

Check!
工具器具備品と消耗品費との違いは？
10万円以下の金額のものは、費用の消耗品費という勘定科目を使ってもOK（p114 参照）です。

消耗品費 5万円の増加（費用の＋）
→ 借方

未払金 5万円の増加（負債の＋）
→ 貸方

借方	貸方
消耗品費 50,000	未払金 50,000

【仕訳の実践】未払金の仕訳

PART 3 【仕訳の実践】 貸借対照表をマスターしよう！

Question

従業員の所得税は？

- アルバイトの子、決まったのね。
- 仕入れとかあるので、力のある男の子にしました。
- あとは私の好みで……うふ♡
- はじめまして。
- こちらこそ、よろしくね。
- あっ！
- 先生、月末が給料日なのですが、アルバイトの場合も所得税ってかかるんでしたっけ？
- もちろんですよ。
- 所得税は、どう仕訳すればいいのですか？

74

「預り金」の仕訳として処理します。

従業員に給料を支払うとき、所得税を差し引いて会社が預ります。
これを預り金（あずかりきん）といいます。
預り金は会社がまとめて税務署に納めます。

アルバイトの所得税3,000円を給料から差し引いた！ というケース

現金という資産が3,000円増加し（理由）、
預り金という負債が3,000円増加します（結果）。
資産の増加は借方、負債の増加は貸方に振りわけます。

仕訳のルール！

借方	貸方
資産（＋）	資産（－）
負債（－）	**負債（＋）**
純資産（－）	純資産（＋）
収益（－）	収益（＋）
費用（＋）	費用（－）

Check!
実務では？
ここでは預金の増加としていますが、実際は給料から差し引いて支払います（p126 - 127 参照）。

普通預金
3,000円の増加
（資産の＋）

預り金
3,000円の増加
（負債の＋）

借方	貸方
普通預金 3,000	預り金 3,000

【仕訳の実践】預り金の仕訳

純資産って何？

貸借対照表には資産・負債・純資産の３つのグループがあります。
では、純資産とはどういうものなのでしょう。
ここでは純資産についてみていきます。

純資産とはどんなもの？

純資産とは資本金や繰り越された儲けのことをいいます。
純資産は次の計算式より求められます。
資産－負債＝純資産

純資産のイメージ図

資本金

雑貨屋オープンしたいので100万円出資します！

hana

いまは1円からでも会社を始められますからね

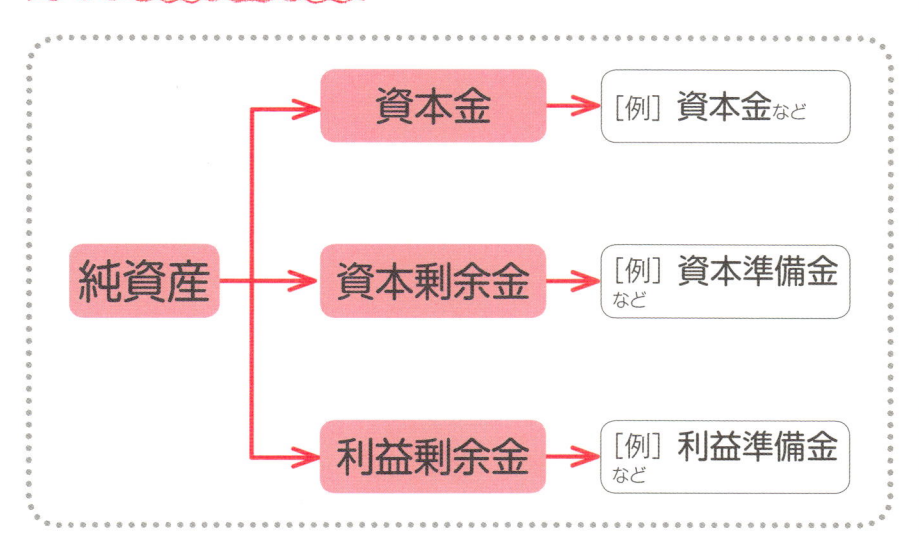

純資産の勘定科目

資本金　資本準備金　利益準備金　繰越利益剰余金など

純資産を専門的に分類すると？

```
                  ┌─→ 資本金      →  [例] 資本金 など
純資産 ─┼─→ 資本剰余金  →  [例] 資本準備金 など
                  └─→ 利益剰余金  →  [例] 利益準備金 など
```

純資産とは正味の財産のこと！

純資産って何？

純資産の勘定科目には どんなものがあるの？

純資産とは資本金や繰り越された儲けのこと。
資産から負債を引いたものをいいます。
ここでは、純資産の主な勘定科目を紹介します。

資本金 （しほんきん）

資本金とは株式会社でいうと株主から払い込まれたお金のこと。株主より出資された払込み額は総額を資本金とするのが原則ですが、一定の金額を資本金としないこともできます。
資本金の増加は株主に、減少は株主や債権者の利害に関係します。よって資本金の増減には会社法や定款の規定から、株主総会の決議や債権者の公告などが必要な場合がありますので注意してください。
➡ 詳しくは **p80**

資本準備金 （しほんじゅんびきん）

株主からの出資金は資本金として記録しますが、出資金の一部を資本金に組み入れないことができます。このときに使うのが資本準備金という勘定科目です。
株主から受けた出資のうち2分の1を超えない額は資本準備金とすることができます。
➡ 詳しくは **p82**

利益準備金 （りえきじゅんびきん）

株式会社は、利益が出たらその一部を株主に配当します。配当する場合には支払配当金総額の10分の1を利益準備金として積み立てます。
➡ 詳しくは **p84**

勘定科目はしっかり覚えましょう！

繰越利益剰余金 （くりこしりえきじょうよきん）
まだ処分の決まっていない会社の儲けを繰り越すときに使います。
繰越利益剰余金とは、その他の利益剰余金（利益剰余金－利益準備金）のなかで、株主総会の決議にもとづき設定されている項目（任意積立金）以外のものをいいます。

難しい言葉ばかりですね…。

純資産の勘定科目はこんなものがあるんだ、くらいでいいわよ。

PART **3** [仕訳の実践] 貸借対照表をマスターしよう！

会社の立ち上げのための資本金は？

「資本金」の仕訳として処理します。

資本金（しほんきん）とは、株式会社でいうと、
株主から払い込まれたお金のこと。
本来、株主より出資された払込み額は総額を資本金とするのが原則です。

資本金100万円を普通預金に払い込みした！ というケース

資本金という純資産が100万円増加し（理由）、
普通預金という資産が100万円増加します（結果）。
資産の増加は借方、純資産の増加は貸方に振りわけます。

仕訳のルール！

借方	貸方
資産 (+)	資産 (−)
負債 (−)	負債 (+)
純資産 (−)	純資産 (+)
収益 (−)	収益 (+)
費用 (+)	費用 (−)

普通預金
100万円の増加
（資産の＋）
⬇

資本金
100万円の増加
（純資産の＋）
⬇

借方	貸方
普通預金 1,000,000	資本金 1,000,000

【仕訳の実践】資本金の仕訳

PART 3 【仕訳の実践】 貸借対照表をマスターしよう！

Question

増資のときに資本金としない金額はどうするの？

資本金100万円もあったのに…。

仕入れや登記費用に出費がかさんでしまってもうほとんどない…。

けっこうお金かかるんだなぁ…

出費のことを考えないで、とりあえずで会社を立ち上げたりするからさ。

貯金はもうないのか？

あと200万円ならあります。

結婚資金だったんですけど、これもお店のため。200万円増資します！

だったら100万円だけ資本金にして、残りの100万円を資本準備金にしてみる？

※最初から資本金300万円にしておけばよかったのにね。

「資本準備金」の仕訳として処理します。

資本準備金（しほんじゅんびきん）とは、
株主から払い込まれたお金のうち資本金に組み入れなかったお金のこと。
株主から受けた出資のうち、2分の1を超えない額は資本準備金とすることができます。

株主から200万円の出資を受け、100万円だけ資本金にした！ というケース

普通預金という資産が200万円増加し（理由）、
資本金という純資産が100万円、
資本準備金という純資産が100万円増加します（結果）。
資産の増加は借方、純資産の増加は貸方に振りわけます。

仕訳のルール！

借方	貸方
資産 (＋)	資産 (−)
負債 (−)	負債 (＋)
純資産 (−)	純資産 (＋)
収益 (−)	収益 (＋)
費用 (＋)	費用 (−)

Check!
なぜ資本準備金にするの？
登記するときに資本金の額によって税金が変わってきます。資本金としない部分は株主からの払込みなので、利益と区別するために資本準備金という勘定科目を使います。

普通預金
200万円の増加
（資産の＋）

資本金
100万円の増加
（純資産の＋）

資本準備金
100万円の増加
（純資産の＋）

借方	貸方	
普通預金 2,000,000	資本金	1,000,000
	資本準備金	1,000,000

PART **3** 【仕訳の実践】 貸借対照表をマスターしよう！

Question

株主の配当利益は？

会社が儲かって配当が出せたらな〜。

うっとり…

あはは… 配当 配当 配当 配当

利益を配当するにも一定の限度があるし、利益準備金としてその一部を積み立てないといけないので、そんなにたくさん手元に入ってくるわけではないのよ。

そうなんですか？

ちっ！

ちなみに、30万円配当できるとしたらどうなるのですか？

「利益準備金」の仕訳として処理します。

株式会社は、利益が出たらその一部を株主に配当します。
配当する場合には支払配当金総額の10分の1を
利益準備金（りえきじゅんびきん）として積み立てます。

繰越利益剰余金から30万円配当する！　というケース

繰越利益剰余金という純資産が30万円減少し（理由）、
未払配当金という負債が27万円増加、利益準備金という
純資産が3万円増加します（結果）。純資産の減少は借方、
負債の増加と純資産の増加は貸方に振りわけます。

仕訳のルール！

借方	貸方
資産 (＋)	資産 (－)
負債 (－)	負債 (＋)
純資産 (－)	純資産 (＋)
収益 (－)	収益 (＋)
費用 (＋)	費用 (－)

繰越利益剰余金
300,000 の減少
（純資産の－）

未払配当金
270,000の増加
（負債の＋）

利益準備金
30,000の増加
（純資産の＋）

借方	貸方
繰越利益剰余金　300,000	未払配当金　270,000
	利益準備金　30,000

【仕訳の実践】利益準備金の仕訳

ひろみ先生の特別講座 vol.2
5つのグループと純利益の考え方

貸借対照表

期首：資産＝負債＋純資産

| 資産 | 負債 |
| | 純資産 (資本／繰越利益剰余金) |

期末：資産＝負債＋期首純資産＋当期純利益

資産	負債
	期首純資産
	当期純利益

損益計算書

期中：収益－費用＝当期純利益

| 費用 | 当期純利益 |
| | 収益 |

決算書のうち、貸借対照表はある期末の財政状態を示すもので、
損益計算書はある会計期間の儲けを示すものです。
この２つは、純利益（その会計期間の儲け）で結びついています。
実際の流れは図でイメージしましょう。
※わかりやすくするために、損益計算書の表示を変えています。

この５つのグループが
残高試算表になります。

貸借対照表

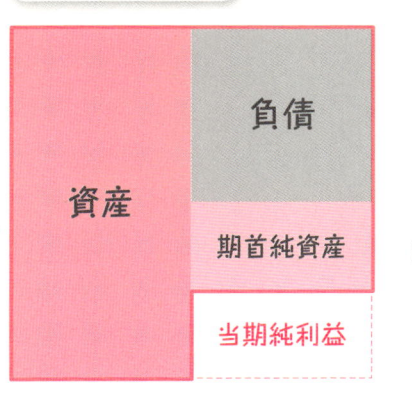

資産 / 負債 / 期首純資産 / 当期純利益

損益計算書

当期純利益 / 費用 / 収益

貸借対照表と
損益計算書を
合わせると…？

残高試算表

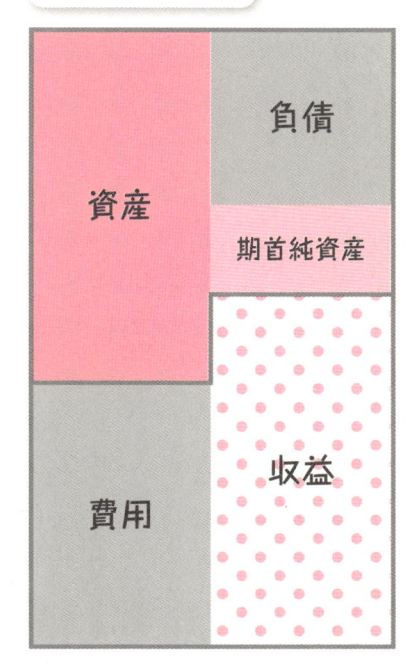

資産 / 負債 / 期首純資産 / 費用 / 収益

【ひろみ先生の特別講座 vol.2】５つのグループと純利益の考え方

なんとなく貸借対照表と損益計算書の
つながりがイメージできたでしょうか。
次に具体的数字をあてはめてみましょう。

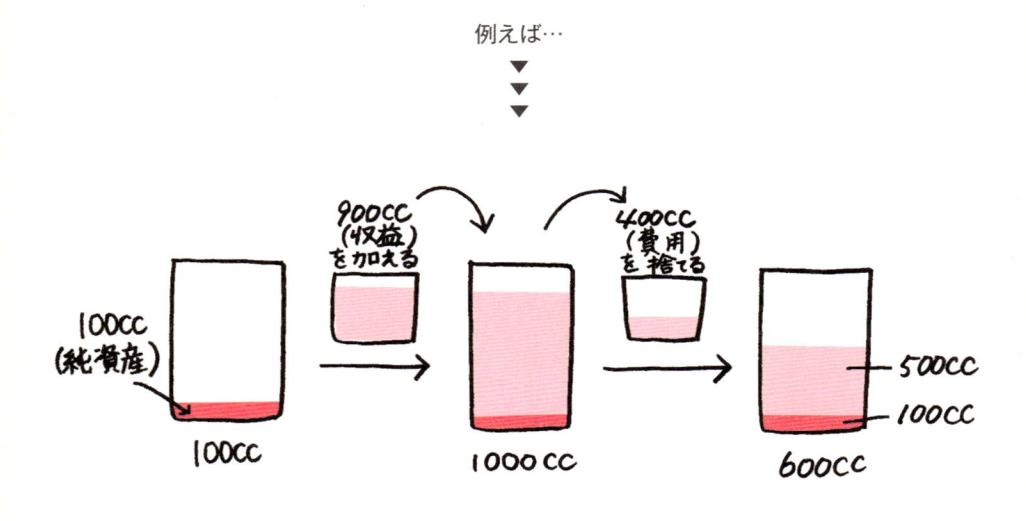

例えば…
▼
▼
▼

1 コップに100ccの水が入っています。これを純資産とすると100ccは前期からの繰越分です。

2 1に900cc追加すると1000ccになります。

3 2を400cc捨てると、コップに600cc水が残ります。

> これを損益計算書と貸借対照表に
> あてはめてみましょう。

収益（900cc） － 費用（400cc） ＝ 純利益（500cc）

➡ **損益からみた利益**

期末純資産（600cc） － 期首純資産（100cc） ＝ 純利益（500cc）

➡ **資産からみた利益**

貸借対照表でいう期末の純資産は、資本金、前期までの儲け（繰越利益剰余金）、
当期の儲け（＝当期純利益）の合計になります。
この当期の儲け部分が損益計算書と一致するのです。

PART 4
損益計算書を
マスターしよう!

そんなに難しくないですよ!

PART 4 損益計算書をマスターしよう！

損益計算書で何がわかるの？

貸借対照表をマスターしたら、次は損益計算書です。
決算書は主にこの2つの表で構成されるので、
貸借対照表とセットで覚えましょう。

■ 損益計算書をみれば、会社の儲けがわかる

貸借対照表をマスターしたら、次は損益計算書ですよ。

貸借対照表㊗　損益計算書!!

損益計算書って何でしたっけ？

損益計算書は
会社の儲けを示すもの。
つまり、1年間で
会社がどれだけの
利益を出したのかを
表すものです。

損益計算書には、費用と収益の
2つのグループがあります。
左側（借方）に費用、右側（貸方）に
収益を書きます。

左側（借方）	右側（貸方）
費用	収益

費用・収益・純利益の関係

借方に費用と純利益、貸方に収益を書きます。純利益＝収益ー費用の関係を覚えておきましょう！

借方	貸方
費用	収益
純利益	

費用とは会社でかかる**経費**のこと。
収益とは売上など**利益のもととなる収入**のこと。
収益から費用を引くと利益がでます。

例えば…

売上10万円 − 費用7万円 ＝ 利益3万円

この利益のことを、簿記では**当期純利益**といいます。

なるほどー。

収益って何？

損益計算書には収益・費用の2つのグループがあります。
では、収益とはどういうものなのでしょう。
ここでは収益についてみていきます。

収益とはどんなもの？

収益とは売上などの会社の稼ぎのことです。
売上の他にも銀行に預けておくと発生する利息なども含みます。
これらは儲けのもととなり、収益といいます。

収益のイメージ図

収益の勘定科目

売上　受取利息　有価証券売却益
固定資産売却益　受取家賃　雑収入など

収益を専門的に分類すると？

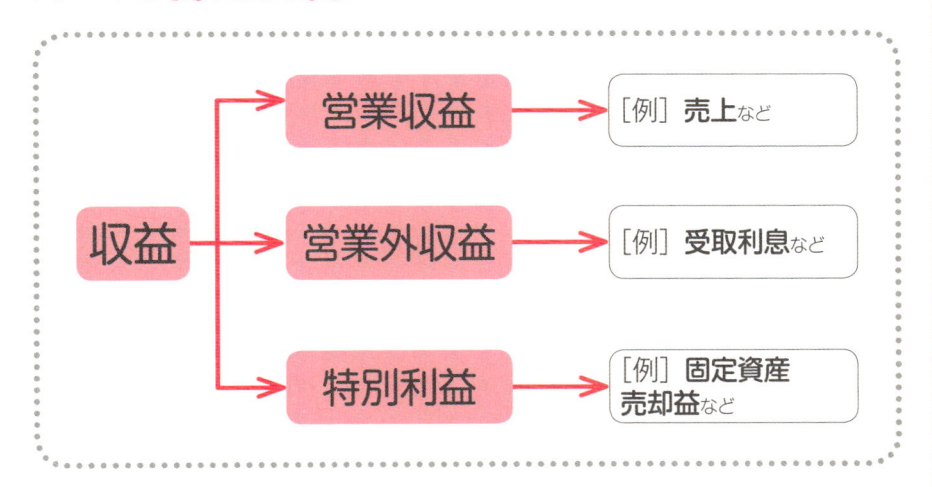

収益
- → 営業収益 → ［例］売上など
- → 営業外収益 → ［例］受取利息など
- → 特別利益 → ［例］固定資産売却益など

収益とは儲けたお金のこと！

収益って何？

収益の勘定科目には どんなものがあるの？

収益とは売上などの会社の稼ぎのこと。
受取利息や有価証券売却益などがあります。
ここでは、収益の主な勘定科目を紹介します。

売上（うりあげ）
商品が売れたときに使います。
売上商品に返品や値引きがあったときは、売上の取消になります。
➡ 詳しくは **p96**

受取利息（うけとりりそく）
銀行にお金を預けると利息がつきます。これを受取利息といいます。
その他、社債や有価証券を保有して受け取る利息も含みます。
➡ 詳しくは **p98**

受取配当金（うけとりはいとうきん）
法人が所有する他の会社の有価証券に対して配当金を受け取ったときに使います。

雑収入（ざつしゅうにゅう）
営業外収益のもので、他に適当な勘定科目にあてはまらないものや金額が小さく、独立の科目とするほど重要でないときに使います。

> 勘定科目は
> しっかり覚えましょう！

有価証券売却益 （ゆうかしょうけんばいきゃくえき）
株式など所有していた有価証券を売って、売却益が出たときに使います。
➡ 詳しくは **p100**

> 有価証券を売ってプラスになったときは有価証券売却益、マイナスになったときは有価証券売却損！

固定資産売却益 （こていしさんばいきゃくえき）
建物や車などの固定資産を売却して、売却益が出たときに使います。

> 固定資産を売ってプラスになったときは固定資産売却益、マイナスになったときは固定資産売却損！

現金過不足 （げんきんかぶそく）
現金の入金と出金が一致しないときに使います。
現金過不足勘定は、期末に雑損失勘定または雑収入勘定に振り替えます。
➡ 詳しくは **p102**

PART **4** 【仕訳の実践】 損益計算書をマスターしよう！

Question

商品が売れたら？

いらっしゃいませ〜。

これ、お願いします。

ありがとうございます！1万円になります。

少しずつ売上が上がってきたー。う、うれし〜。

カンドー♡

ここで問題！商品が売れて、現金1万円が入ってきたときの仕訳は？

う〜ん…

「売上」の仕訳として処理します。

商品が売れたときには売上（うりあげ）という勘定科目を使います。
また、売れた商品がキズものなので返品されたときには、
売上の取消なので、逆の仕訳をします。

1万円の商品が現金で売れた！ というケース

売上という収益が1万円発生し（理由）、
現金という資産が1万円増加します（結果）。
資産の増加は借方、収益の発生は貸方に振りわけます。

仕訳のルール！

借方	貸方
資産（+）	資産（−）
負債（−）	負債（+）
純資産（−）	純資産（+）
収益（−）	収益（+）
費用（+）	費用（−）

Check!
返品されたときの仕訳は？
売上の取消になるので、借方と貸方が逆になります。

借方	貸方
売上 10,000	現金 10,000

現金 1万円の増加（資産の+）
売上 1万円の発生（収益の+）

借方	貸方
現金 10,000	売上 10,000

PART 4 【仕訳の実践】 損益計算書をマスターしよう！

Question 利息を受け取ったら？

やった～！！
利息が200円ついてる！

ん？

利息って、勘定科目は何になるんでしょう？

ささぁ…？
知らない

「受取利息」の仕訳として処理します。

銀行にお金を預けると利息がつきます。
これを受取利息（うけとりりそく）といいます。
その他、社債や有価証券を保有して受け取る利息も含みます。

普通預金に利息200円が振り込まれていた！ というケース

受取利息という収益が200円発生し（理由）、
普通預金という資産が200円増加します（結果）。
資産の増加は借方、収益の発生は貸方に振りわけます。

仕訳のルール！

借方	貸方
資産 (+)	資産 (−)
負債 (−)	負債 (+)
純資産 (−)	純資産 (+)
収益 (−)	収益 (+)
費用 (+)	費用 (−)

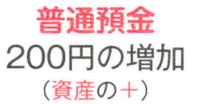

普通預金
200円の増加
（資産の+）

受取利息
200円の発生
（収益の+）

借方	貸方
普通預金 200	受取利息 200

【仕訳の実践】受取利息の仕訳

Question

有価証券を売ったら？

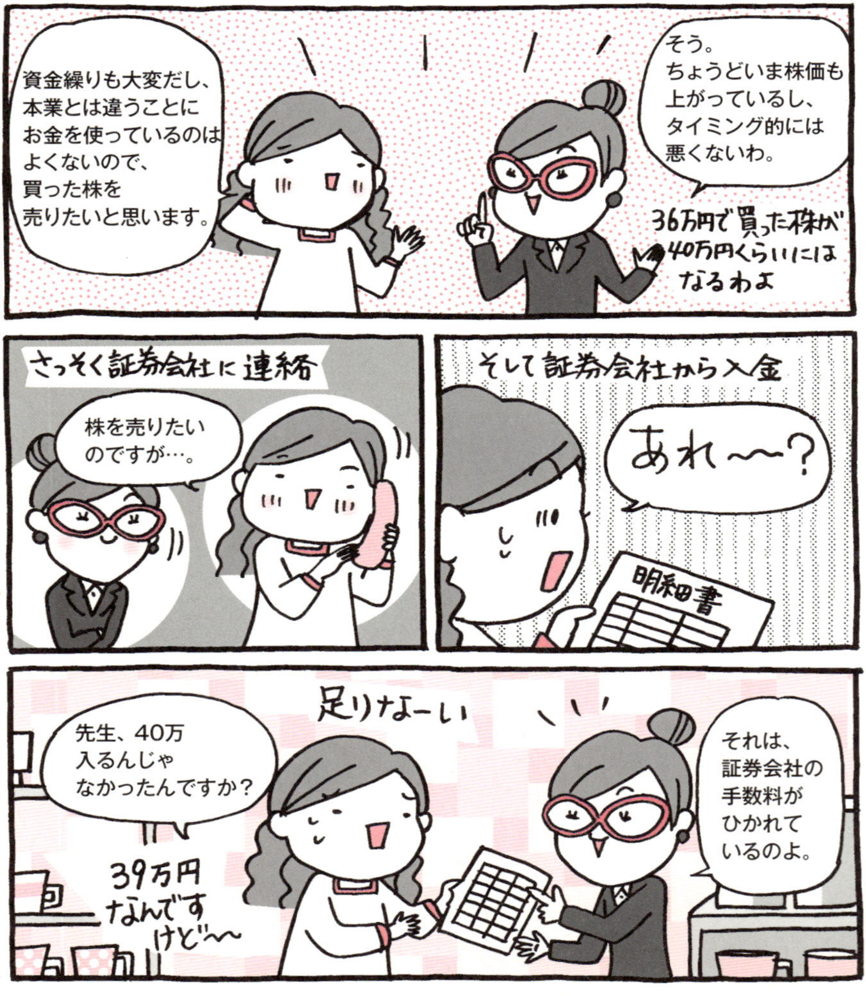

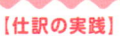

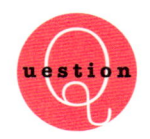

「有価証券売却益（損）」の仕訳として処理します。

株式など所有していた有価証券を売ったとき、
売却益が出たら有価証券売却益（ゆうかしょうけんばいきゃくえき）、
売却損があったのなら有価証券売却損となります。

**36万円で買った株を40万円で売却したら、
39万円が振り込まれた！** というケース

有価証券という資産が36万円減少し、有価証券売却益が4万円発生し、
支払手数料という費用が1万円発生（理由）。
普通預金という資産が39万円増加します（結果）。
資産の増加と費用の発生は借方、資産の減少と収益の発生は貸方に振りわけます。

Check!
売却益と売却損
所有していた有価証券の売却時の帳簿価格と売却額との差額がプラスなら有価証券売却益、マイナスなら有価証券売却損ということ！

仕訳のルール！

借方	貸方
資産 (+)	資産 (−)
負債 (−)	負債 (+)
純資産 (−)	純資産 (+)
収益 (−)	収益 (+)
費用 (+)	費用 (−)

普通預金39万円の増加
（資産の＋）

支払手数料1万円の発生
（費用の＋）

有価証券36万円の減少
（資産の−）

有価証券売却益4万円の発生
（収益の＋）

借方		貸方	
普通預金	390,000	有価証券	360,000
支払手数料	10,000	有価証券売却益	40,000

【仕訳の実践】有価証券売却益の仕訳

PART 4 【仕訳の実践】 損益計算書をマスターしよう！

Question

現金が多いときは？

「現金過不足」の仕訳として処理します。

実際の残高が帳簿の残高と一致しないときには、
現金過不足（げんきんかぶそく）という勘定を使います。
現金過不足勘定は、期末に雑損失勘定または雑収入勘定に振り替えます。

レジのお金が、現金出納帳より1,000円多い！　というケース

現金過不足1,000円という収益が発生し（理由）、
現金1,000円という資産が増加します（結果）。
収益の発生は貸方、資産の増加は借方に振りわけます。

仕訳のルール！

借方	貸方
資産（＋）	資産（−）
負債（−）	負債（＋）
純資産（−）	純資産（＋）
収益（−）	収益（＋）
費用（＋）	費用（−）

Check!
現金が足りないときは？
現金が帳簿より少ないときは資産が減少するので、帳簿より多いときと逆の仕訳になります！

借方	貸方
現金過不足 1,000	現金 1,000

> レジのお金以外にも仮払いや小口現金などで現金過不足が出た場合も同様に。後に原因がわかったら再度仕訳します。

現金
1,000円の増加
（資産の＋）

現金過不足
1,000円の減少
（収益の＋）

借方	貸方
現金 1,000	現金過不足 1,000

【仕訳の実践】現金過不足の仕訳

費用って何？

損益計算書には収益・費用の2つのグループがあります。
では、費用とはどういうものなのでしょう。
ここでは費用についてみていきます。

費用とはどんなもの？

費用とは、会社を運営していくのにかかる様々な出費のこと。
事務所を借りたり、従業員を雇ったり、商品を仕入れたり。
費用には様々な勘定科目があります。

費用のイメージ図

給与

通信料

仕入

けっこう
かかるのね…

費用の主な勘定科目

仕入　給与手当　通信費　水道光熱費　旅費交通費
地代家賃　消耗品　交際費
租税公課　支払保険料　支払利息　減価償却費　固定資産売却損など

費用を専門的に分類すると？

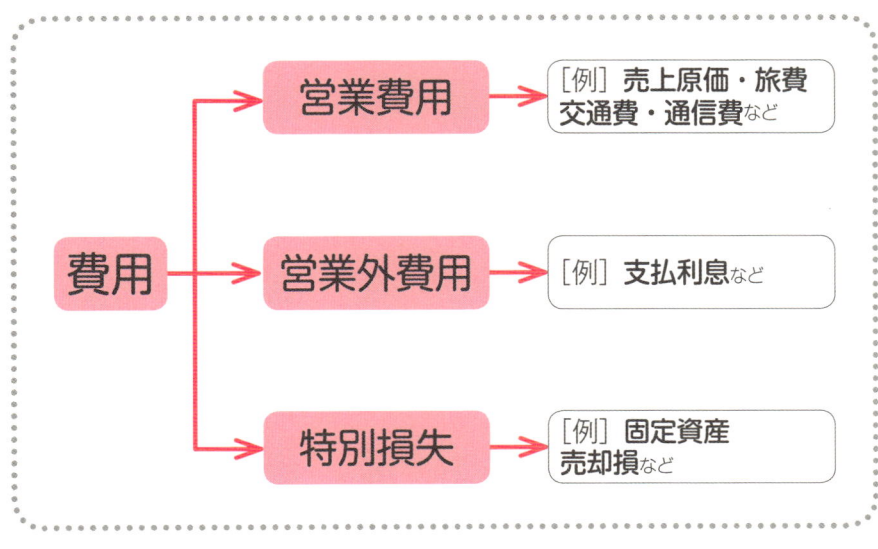

```
             ┌─→ 営業費用 ──→ [例] 売上原価・旅費
             │               交通費・通信費など
             │
費用 ───────┼─→ 営業外費用 ──→ [例] 支払利息など
             │
             └─→ 特別損失 ──→ [例] 固定資産
                              売却損など
```

費用とは経費のこと！

費用の勘定科目には
どんなものがあるの？

費用とは、会社を運営していくのにかかる様々な出費のこと。
事務所を借りたり、従業員を雇ったり、商品を仕入れたり。
ここでは、費用の主な勘定科目を紹介します。

仕入 (しいれ)
商品を仕入れたときに使います。
簿記でいう仕入金額は、厳密にいうと購入代金に引取費用などの仕入れにかかった費用を加算したものになります。
➡ 詳しくは **p110**

給与手当 (きゅうよてあて)
社員やアルバイトなど従業員に給与を支払うときは、給与手当という勘定科目を使います。
➡ 詳しくは **p126**

通信費 (つうしんひ)
電話代、ファックス代、インターネット通信関係諸費用、はがき・切手などの郵送代、宅急便代は通信費として処理します。
宣伝目的でダイレクトメールを大量に送る場合は、広告宣伝費となるので要注意。
➡ 詳しくは **p122**

旅費交通費 (りょひこうつうひ)
タクシー代、電車代、バス代などの交通費や出張にいったときの旅費などをいいます。
➡ 詳しくは **p118**

> 勘定科目はしっかり覚えましょう!

水道光熱費 (すいどうこうねつひ)
会社でかかる電気代、水道代、ガス代、暖房に使う燃料（灯油、プロパンガス）などは、水道光熱費という勘定科目を使います。
➡ 詳しくは **p120**

広告宣伝費 (こうこくせんでんひ)
DMやポスターなど会社の宣伝のために支出した場合に使います。
➡ 詳しくは **p132**

支払保険料 (しはらいほけんりょう)
損害保険（火災保険や自動車保険など）や生命保険のうち一定のものをいいます。一年以上の保険契約の場合は保険の期間に応じて、原則決算手続きで繰延手続きがあります。
➡ 詳しくは **p128**

地代家賃 (ちだいやちん)
事務所や小売店舗を借りている場合は、家賃の支払いがあります。
簿記では建物を借りた場合は支払家賃、駐車場のように土地を借りた場合は支払地代といいます。両方を総称して地代家賃という勘定科目を使います。
➡ 詳しくは **p112**

消耗品費 (しょうもうひんひ)
10万円未満の備品は、消耗品費という勘定科目を使います。その他会社で使用する雑貨、机や棚などが消耗品費に入ります。
消耗品費が多い場合は、ノートなどの文具類は事務用品費勘定で別に表示することもできます。
➡ 詳しくは **p114**

交際費 (こうさいひ)
会社が、取引先などに対して、接待、供応、慰安、贈答のために支出するときに使います。
➡ 詳しくは **p116**

租税公課 (そぜいこうか)
固定資産税・自動車税・印紙税などの税金のことです。
➡ 詳しくは **p124**

会議費 (かいぎひ)
社内外の打合せに関する会場代、飲み物代、弁当代などに用います。その他昼食程度の飲食代も含めます。

福利厚生費 （ふくりこうせいひ）
社員が気持ちよく働けるようにするための費用。社内の慰安食事会や残業食事代、社員の祝電や香典などに用います。

支払手数料 （しはらいてすうりょう）
代金を銀行などから振り込む際に発生する手数料などはこの勘定科目を使います。

新聞図書費 （しんぶんとしょひ）
新聞代や雑誌・本などを購入したときに使います。

雑費 （ざっぴ）
他に適当な勘定科目にあてはまらないもので、金額が小さく独立の科目とするほど重要でないときに使います。

固定資産売却損 （こていしさんばいきゃくそん）
所有していた固定資産を売却した場合、売却時の帳簿価格（減価償却考慮後）と売却額との差額が、マイナスなら固定資産売却損。
プラスなら固定資産売却益となります。
➡ 詳しくは **p130**

PART 4 【仕訳の実践】 損益計算書をマスターしよう！

Question

商品を仕入れたら？

「今日の仕入れ分です。」

どっさり…

「これだけ仕入れて15万円だったら安いかなぁ。」

「でも、うちみたいに小さなお店で現金15万円の出費はいたいな〜。」

はぁー

「ツケで商品を仕入れられるように頑張りましょう！」

「そうだね。」

ナイス前向き♡

「ところでさぁ、現金で仕入れた場合の仕訳はわかる？」

何回もしているはずなんだけど忘れちゃってさ…

「…僕に聞きますか？」

「仕入」の仕訳として処理します。

商品を仕入れたときには、仕入（しいれ）の勘定科目を使います。
簿記でいう仕入金額は、
購入代金に、引取費用などの仕入れにかかった諸費用を加算したものになります。

商品15万円を現金で仕入れた！ というケース

仕入という費用が15万円発生し（理由）、
現金という資産が15万円減少（結果）します。費用の発生は借方、
資産の減少は貸方に振りわけます。

Check!
返品したときの仕訳は？
仕入の取消なので、貸借が逆になります。

借方	貸方
現金 150,000	仕入 150,000

仕訳のルール！

借方	貸方
資産 (+)	資産 (−)
負債 (−)	負債 (+)
純資産 (−)	純資産 (+)
収益 (−)	収益 (+)
費用 (+)	費用 (−)

仕入
15万円の発生
（費用の＋）
⬇

現金
15万円の減少
（資産の－）
⬇

借方	貸方
仕入 150,000	現金 150,000

【仕訳の実践】仕入の仕訳

PART 4 【仕訳の実践】 損益計算書をマスターしよう！

Question

お店を始めるのに店舗を借りたら？

売上は…

商品の仕入は…

そういえば、このお店の家賃の仕訳は！？

お店を始めるときに借りて、月に10万円の家賃が普通預金から引き落とされているから…。

先生教えて！！

はーい!!

「地代家賃」の仕訳として処理します。

事務所や小売店舗を借りている場合は、家賃の支払いがあります。簿記では建物を借りた場合は支払家賃、駐車場のように土地を借りた場合は支払地代といいます。両方を総称して地代家賃（ちだいやちん）という勘定科目を使います。

お店の家賃10万円が普通預金から引落とされた！　というケース

地代家賃という費用が10万円発生し（理由）、
普通預金という資産が10万円減少します（結果）。
費用の発生は借方、資産の減少は貸方に振りわけます。

仕訳のルール！

借方	貸方
資産 (+)	資産 (−)
負債 (−)	負債 (+)
純資産 (−)	純資産 (+)
収益 (−)	収益 (+)
費用 (+)	費用 (−)

地代家賃
10万円の発生
（費用の＋）

普通預金
10万円の減少
（資産の−）

借方	貸方
地代家賃 100,000	普通預金 100,000

PART 4 【仕訳の実践】 損益計算書をマスターしよう！

Question

お店で使う椅子を購入したら？

「消耗品費」の仕訳として処理します。

10万円未満の備品は、消耗品費（しょうもうひんひ）とすることができます。
その他、会社で使用する雑貨、机や棚などが消耗品費に入ります。
消耗品が多い場合は、ノートなどの文具類は事務用品費勘定で別に仕訳することもできます。

椅子を現金9万円で購入した！ というケース

消耗品費という費用が9万円発生し（理由）、
現金という資産が9万円減少します（結果）。
費用の発生は借方、資産の減少は貸方に振りわけます。

仕訳のルール！

借方	貸方
資産（+）	資産（−）
負債（−）	負債（+）
純資産（−）	純資産（+）
収益（−）	収益（+）
費用（+）	費用（−）

Check!
消耗品費と工具器具備品
10万円未満の備品は消耗品費でよいですが、10万円以上の場合には工具器具備品という資産の勘定を使います。

消耗品費
9万円の発生
（費用の+）

現金
9万円の減少
（資産の−）

借方	貸方
消耗品費 90,000	現金 90,000

【仕訳の実践】消耗品費の仕訳

PART 4 【仕訳の実践】損益計算書をマスターしよう！

Question

得意先を接待したときの費用は？

今日は得意先のA社とお食事会だから、お店よろしくね。

はい。いってらっしゃい！

いつもお世話になっておりますのでお会計は私が…

ごちそうさまです

翌朝

昨日は食べすぎたかな？

領収書はちゃんともらってきた

¥25,000

昨日のお食事代は、どう振りわけるんだ？

会社の経費であることは間違いないんだけど…

「交際費」の仕訳として処理します。

会社が取引先などに対して、接待、供応、慰安、贈答のために支出する費用を交際費といいます。
交際費、会議費、福利厚生費の区別は要注意です（p132参照）。

得意先と食事会をして現金25,000円を支払った！　というケース

交際費という費用が25,000円発生し（理由）、
現金という資産が25,000円減少します（結果）。
費用の発生は借方、資産の減少は貸方に振りわけます。

Check!
交際費とは？
交際費には具体的に、接待飲食代・慶弔費・贈答品などがあります。慶弔費は、取引先に対しては交際費、従業員に対しては福利厚生費になります。

仕訳のルール！

借方	貸方
資産 (+)	資産 (−)
負債 (−)	負債 (+)
純資産 (−)	純資産 (+)
収益 (−)	収益 (+)
費用 (+)	費用 (−)

交際費 25,000円の発生（費用の＋）
現金 25,000円の減少（資産の−）

借方	貸方
交際費 25,000	現金 25,000

【仕訳の実践】交際費の仕訳

PART **4** 【仕訳の実践】 損益計算書をマスターしよう！

Question

仕入れのために使った**タクシー代**は？

- いま、戻りました〜。
- おかえり。
- 仕入れで荷物が多かったので、タクシーに乗りました。
- 了解。現金で710円ね。
- すみません
- これは、勘定科目は旅費交通費かな？
- せ、せんせい…!?
- そうです。では、仕訳しましょう！！
- ビシッ!!

「旅費交通費」の仕訳として処理します。

仕事で使ったタクシー代、電車賃、出張交通費などは、
旅費交通費（りょひこうつうひ）という勘定科目を使います。
旅費交通費は、旅費と交通費から成ります。

タクシー代710円を現金で支払った！　というケース

旅費交通費という費用が710円発生し（理由）、
現金という資産が710円減少します（結果）。
費用の発生は借方、資産の減少は貸方に振りわけます。

仕訳のルール！

借方	貸方
資産 (+)	資産 (−)
負債 (−)	負債 (+)
純資産 (−)	純資産 (+)
収益 (−)	収益 (+)
費用 (+)	費用 (−)

旅費交通費
710円の発生
（費用の＋）

現金
710円の減少
（資産の−）

借方	貸方
旅費交通費 710	現金 710

PART 4 【仕訳の実践】 損益計算書をマスターしよう！

Question
お店の電気代を支払ったら？

「水道光熱費」の仕訳として処理します。

事務所やお店でかかる電気代、水道代、ガス代、
暖房に使う燃料（灯油、プロパンガス）などは、
水道光熱費という勘定科目を使います。

電気代14,000円が口座から引き落とされた！ というケース

水道光熱費という費用が14,000円発生し（理由）、
普通預金という資産が14,000円減少します（結果）。
費用の発生は借方、資産の減少は貸方に振りわけます。

仕訳のルール！

借方	貸方
資産 (+)	資産 (−)
負債 (−)	負債 (+)
純資産 (−)	純資産 (+)
収益 (−)	収益 (+)
費用 (+)	費用 (−)

Check!
問違えやすい勘定科目
インターネットのプロバイダー料金は通信費、社用車のガソリン代は旅費交通費という勘定科目を使います。

水道光熱費
14,000円の発生
（費用の＋）

普通預金
14,000円の減少
（資産の－）

借方	貸方
水道光熱費 14,000	普通預金 14,000

PART 4 【仕訳の実践】 損益計算書をマスターしよう！

Question

お客さまに送るハガキ代は何費？

お礼状を書いているのかい？

はい。一度ご購入いただいたお客さまに、暑中見舞いを書いているんです。

そうだ！！

このハガキ代は、何費になるんですか？

「通信費」の仕訳として処理します。

電話代、ファックス代、インターネット通信関係諸費用、ハガキ・切手などの郵送代、宅急便代は通信費として処理します。
宣伝目的でダイレクトメールを大量に送る場合は、広告宣伝費となるので要注意。

お便りの切手代に8,000円を現金を支払った！ というケース

通信費という費用が8,000円発生し（理由）、
現金という資産が8,000円減少（結果）。
費用の発生は借方、資産の減少は貸方に振りわけます。

仕訳のルール！

借方	貸方
資産 (＋)	資産 (－)
負債 (－)	負債 (＋)
純資産 (－)	純資産 (＋)
収益 (－)	収益 (＋)
費用 (＋)	費用 (－)

通信費 8,000円の発生（費用の＋） ➡
現金 8,000円の減少（資産の－） ➡

借方	貸方
通信費 8,000	現金 8,000

【仕訳の実践】通信費の仕訳

PART 4 [仕訳の実践] 損益計算書をマスターしよう！

Question

印紙代は通信費ではないの？

「租税公課」の仕訳として処理します。

印紙代は、租税公課（そぜいこうか）として処理します。
法人税、住民税及び事業税以外の租税公課をいいます。
具体的には、固定資産税・自動車税・印紙税などの税金のことです。

領収書に貼る印紙200円を現金で購入した！　というケース

租税公課200円という費用が発生し（理由）、
現金200円という資産が減少します（結果）。費用の発生は借方、
資産の減少は貸方に振りわけます。

仕訳のルール！

借方	貸方
資産（＋）	資産（－）
負債（－）	負債（＋）
純資産（－）	純資産（＋）
収益（－）	収益（＋）
費用（＋）	費用（－）

Check!
印紙の金額
領収書に貼る印紙の金額は売上金額によって異なります。

租税公課
200円の発生
（費用の＋）
⬇

現金
200円の減少
（資産の－）
⬇

借方	貸方
租税公課 200	現金 200

【仕訳の実践】租税公課の仕訳

PART 4
【仕訳の実践】 損益計算書をマスターしよう！

Question

アルバイトに給与を支払うときは？

月末の給料日を前に

アルバイトの給料はどう計算するんだっけ？

おつかれさまです〜

給料15万円から、会社が預かる源泉所得税3,000円を差し引けばいいのかな？

ぶぶっ

よっ！

給料で交通費もいっしょに支払わなくていいのか？

あっ！そうだった！

じゃあ、給料15万円と交通費1万円を足して、源泉所得税3,000円を差し引けばいいのですね？

Good!!

「給与手当」の仕訳として処理します。

社員やアルバイトなど従業員に給与を支払うときは、
給与手当という勘定科目を使います。
給料手当ともいい、従業員賞与にこの勘定を使うこともあります。

**アルバイトに給与15万円と交通費1万円を支払い、
源泉所得税を3,000円預かった！** というケース

給与手当15万円と旅費交通費1万円という費用が発生（理由）、
預り金（源泉所得税）3,000円という負債が増加し
普通預金157,000円という資産が減少します（結果）。
費用の発生は借方、負債の増加と資産の減少は貸方に振りわけます。

仕訳のルール！

借方	貸方
資産（＋）	資産（－）
負債（－）	負債（＋）
純資産（－）	純資産（＋）
収益（－）	収益（＋）
費用（＋）	費用（－）

> 源泉所得税の金額については給与の額によって国が定めています。

給与手当15万円の発生
（費用の＋）

旅費交通費1万円の発生
（費用の＋）

普通預金157,000円の減少
（資産の－）

預り金3,000円の増加
（負債の＋）

借方		貸方	
給与手当	150,000	普通預金	157,000
旅費交通費	10,000	預り金	3,000

【仕訳の実践】給与手当の仕訳

PART 4 【仕訳の実践】 損益計算書をマスターしよう！

Question

お店の火災保険料を支払ったら？

万が一火事になったら大変だし、火災保険に加入しようかな。

さっそく見積りを取り寄せたところ——
これだな！
火災保険見積り
保証期間2年 年額 24万円

では、24万円ですね。
ありがとうございます。
これで安心！
← 保険会社の方
そく、加入!!

2年間で24万ってことは、来年に繰り越すのかな？
1年間で12万円ってことでは？

現金でまとめて2年分を支払ったけど…これって支払保険料？

「支払保険料」の仕訳として処理します。

支払保険料（しはらいほけんりょう）は、損害保険（火災保険や自動車保険など）や生命保険のうち一定のものをいいます。一年以上の保険契約の場合は保険の期間に応じて、原則、決算手続きで繰延手続き（p162参照）をします。

現金で火災保険料24万円を支払った！ というケース

支払保険料24万円という費用が発生し（理由）、現金24万円という資産が減少します（結果）。費用の発生は借方、資産の減少は貸方に振りわけます。

仕訳のルール！

借方	貸方
資産 (+)	資産 (−)
負債 (−)	負債 (+)
純資産 (−)	純資産 (+)
収益 (−)	収益 (+)
費用 (+)	費用 (−)

支払保険料 24万円の発生（費用の＋）

現金 24万円の減少（資産の−）

借方	貸方
支払保険料 240,000	現金 240,000

【仕訳の実践】支払保険料の仕訳

PART 4 【仕訳の実践】 損益計算書をマスターしよう！

Question

お店の棚を売って損が出たら？

あの棚、けっこう高かったんですけど、お店の雰囲気に合わないからすぐに売ったんです。

はっ!!

現金20万円で買った棚を15万円で売ったんですけど、こういう場合の仕訳ってどうなるのですか？

損しちゃったけど…

固定資産を売却した場合の仕訳のことね？

「固定資産売却損（益）」の仕訳として処理します。

所有していた固定資産を売却した場合、売却時の帳簿価格（減価償却考慮後）と売却額との差額が、マイナスなら固定資産売却損（こていしさんばいきゃくそん）。プラスなら固定資産売却益となります。

20万円で購入した棚を現金15万円で売った！　というケース

20万円の備品を15万円で売ったので、その差額5万円が固定資産売却損。備品という資産が20万円減少（理由）、現金という資産が15万円増加し、固定資産売却損という費用が5万円発生（結果）。
資産の減少は貸方、資産の増加と費用の発生は借方に振りわけます。

Check!
備品購入時の仕訳は？
工具器具備品という資産が20万円増加し、現金という資産が20万円減少するので、下のようになります！

借方	貸方
工具器具備品 200,000	現金 200,000

仕訳のルール！

借方	貸方
資産（＋）	資産（−）
負債（−）	負債（＋）
純資産（−）	純資産（＋）
収益（−）	収益（＋）
費用（＋）	費用（−）

現金15万円の増加
（資産の＋）
固定資産売却損5万円の発生
（費用の＋）

工具器具備品
20万円の減少
（資産の−）

借方		貸方
現金	150,000	工具器具備品 200,000
固定資産売却損	50,000	

※ここでは購入後すぐに売却したものとして減価償却費は計算していません。

【仕訳の実践】固定資産売却損（益）の仕訳

PART 4 こういうときって何費？

Q1
取引先とカフェで打合せをした！

（ありがとうございます。）

Answer: 会議費
社内外の打合せ代・飲み物代・弁当代、その他昼食程度の飲食代などに用います。

Q2
残業をした従業員の食事代を支払った！

（今日は遅くなりそうだから軽くごはん食べよっか。）
（はい）
もぐもぐ
領収書 haha様 ¥1,600

Answer: 福利厚生費
社内の慰安食事会費、残業食事代、社員の慶弔費などに用います。

Q3

仕入れ業者を
レストランでもてなした！

> どうもどうも。
> いつもお世話になっております。
> ありがとうございます。
> ゲッ！た、高い！！

Answer
交際費
会社が取引先などに対して接待、贈答、
慶弔費などで支出する際に用います。

Q4

社名入りカレンダーを
お客さんに配布した！

> 年末にロゴ入りカレンダーを配布
> hana
> ロゴが入っているから広告宣伝費？

Answer
広告宣伝費
不特定多数の人に対して
宣伝するときに用います。

こういうときって何費？ | 133

ひろみ先生の特別レッスン vol.1
仕訳の総合練習問題

以下はX商店のある月の取引です。
取引を仕訳してみよう。

問題 / 解答

1 売掛金15万円を普通預金で回収した。

借方	貸方
普通預金 150,000	売掛金 150,000

2 未払金2万円を現金で支払った。

借方	貸方
未払金 20,000	現金 20,000

3 受取手形25万円を普通預金で回収した。

借方	貸方
普通預金 250,000	受取手形 250,000

4 買掛金10万円を普通預金で支払った。

借方	貸方
買掛金 100,000	普通預金 100,000

5 支払手形15万円を普通預金で支払った。

借方	貸方
支払手形 150,000	普通預金 150,000

資産・負債・純資産・収益・費用の5つのグループの仕訳については、勘定科目別に学んできました。
それでは総合練習問題で、その成果を試してみましょう。

問題 / 解答

6. 取引先の社長の結婚祝いに3万円を現金で支払った。

借方	貸方
交際費 30,000	現金 30,000

7. プリンタのインクやパソコン用品を現金で35,000円購入した。

借方	貸方
消耗品 35,000	現金 35,000

8. 仮払金20万円を精算した。仕入185,000円、タクシー代1万円、残りは現金とした。

借方	貸方
仕入 185,000 旅費交通費 10,000 現金 5,000	仮払金 200,000

9. 家賃12万円と電気代7,000円が普通預金口座から引き落とされた。

借方	貸方
地代家賃 120,000 水道光熱費 7,000	普通預金 127,000

10. 商品35万円を掛けで売りあげたが、5万円返品された。

借方	貸方
売掛金 350,000 売上 50,000	売上 350,000 売掛金 50,000

仕訳帳に記入するときは、一行以上になることもあるのね。

問題 / 解答

11 源泉所得税の預り金15,000円を普通預金から現金を引き出して支払った。

借方	貸方
現金　　　15,000	普通預金　15,000
預り金　　15,000	現金　　　15,000

12 普通預金から銀行に78,000円長期借入の返済をした。合わせて利息を9,000円支払った。

借方	貸方
長期借入金 78,000	普通預金 87,000
支払利息　 9,000	

13 30万円のパソコンをカード払いで購入した。

借方	貸方
工具器具備品 300,000	未払金 300,000

14 現金で貸付金5万円の返済を受けた。合わせて利息を3,000円受け取った。

借方	貸方
現金 53,000	短期貸付金 50,000
	受取利息　 3,000

15 レジのお金を数えたら帳簿より1,000円少なかった。

借方	貸方
現金過不足 1,000	現金 1,000

PART 5
決算の手順を学ぼう！

いよいよ決算!!

PART 5 決算の手順を学ぼう！

決算手続きって何？

簿記の要となる仕訳をマスターしたら、次は決算手続きです。
決算は、会計期間の儲けと決算日の財政状態をみるために行います。
決算書を作るために、決算手続きについてみていきましょう。

当期の**費用**と**収益**を**対応させる**ための手続き

さて、仕訳という日々の作業はマスターできましたか？

はい！ばっちりです！！

ふ…ほんとに…？

決算の前には、これらの日々の仕訳とは別に、**決算手続き**という作業をしなければいけません。

決算手続き？

日々仕訳された取引は勘定科目ごとに総勘定元帳に転記されますね？
でも仕訳は毎日の作業ですし、間違いがあるかもしれません。

決算前には、期中の間違いをチェックしたり、当期の費用収益を期間対応させたりします。これが決算手続きです。

期首・期末・期中は基本的な用語なので覚えてね。

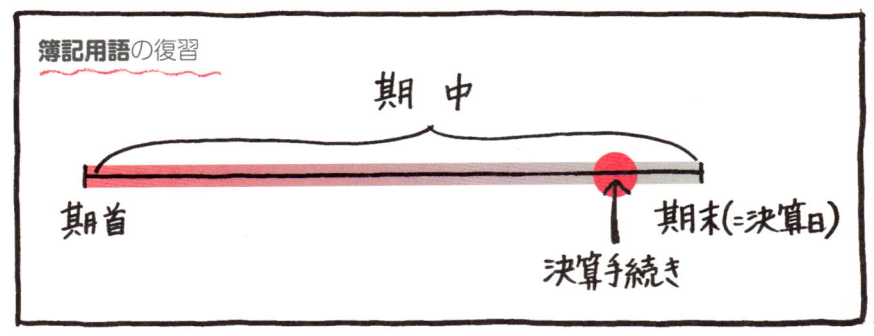

簿記用語の復習

期中 / 期首 / 期末(=決算日) / 決算手続き

決算手続きは、いつくらいから始めるのですか？

会社の規模にもよりますが、期末の2カ月前くらいから決算手続きの作業を行います。

雑貨屋hanaの場合は、3月末が期末なので2月くらいからってことですね？

そうね。

ムシ？

決算書を作るまでの流れ

簿記の最終ゴールは決算書を作ること。
取引が発生してから、決算書を作るまでの流れを整理しましょう。

取引の発生

よーい
ここがスタート！

1 仕訳
取引によって生じたお金や
ものの流れを伝票に記録します。

2 総勘定元帳
仕訳したものが、
勘定科目ごとに記録されます。

3 決算整理前残高試算表
試算表は勘定科目の集計表。
ここでは、決算整理前の残高試算表。

➡ p.142

6

決算書 → p.176

5 の試算表をもとに、主に貸借対照表と損益計算書を作成します。

5

決算整理後残高試算表

決算整理で修正を加えた後の試算表。

> 1～3が期中の手続き、4～6が決算の手続きですよ!

4

決算整理 → p.150

当期の費用と収益を対応させるための手続きです。

PART 5 決算の手順を学ぼう！

試算表って何のために作るの？

決算手続きでは、まず最初に試算表を作ります。
日々の仕訳を整理する作業です。
試算表で何がわかるのかを詳しくみていきましょう。

■ 試算表って何？

仕訳したものを勘定科目に転記して、最終的に作成するのは何でしたか？

総勘定元帳！

どうして、試算表を作るのですか？

そうです！
各勘定科目の残高を集計した一覧が、試算表というものです。

総勘定元帳は勘定科目ごとに整理されたもので、これをみれば残高がわかります。
でも、勘定ごとにわかれているので、一覧でみることはできません。

試算表は各勘定の残高を集計したものなんですね！！

> そうです。通常は、残高を集計するので**残高試算表**といいます。

> また、借方と貸方のそれぞれの合計額で試算表を作成する場合は、**合計試算表**といいます。

試算表の種類

- **残高試算表**
  各勘定科目の貸方と借方の差額(=残高)を集計したもの

- **合計試算表**
  各勘定科目の貸方合計 借方合計のすべてを集計したもの

> ここで大切なのが、**試算表の借方と貸方の合計は一致**しなければいけないということ！！もし一致していなければ、どこかに転記ミスがあるということですよ。

残高試算表の**借方**と**貸方**は一致する！

残高試算表

借方	勘定科目	貸方
50,000	現金	
20,000	建物	
	買掛金	30,000
	借入金	40,000
70,000		70,000

金額は一致する

> 試算表の作成は正しく転記されているかの確認作業でもあります！

試算表って何のために作るの？

残高試算表の作り方

残高試算表とは各勘定の残高を1つにまとめたもの。
ここでは残高試算表を実際に作ってみましょう！

総勘定元帳

【現金】

借方	貸方	残高
70,000		
	50,000	20,000 借残

【買掛金】

借方	貸方	残高
	30,000	30,000 貸残

【仕入】

借方	貸方	残高
50,000		50,000 借残

【資本金】

借方	貸方	残高
	50,000	50,000 貸残

【給与】

借方	貸方	残高
100,000		100,000 借残

【売上】

借方	貸方	残高
	90,000	90,000 貸残

※上記数字は、雑貨屋 hana の仕訳例とは関係性のないものです。

> 残高試算表には各勘定の残高を記入すればいいんですね!

残高試算表

※勘定科目と金額はわかりやすくするために簡略化しています。

借　方	勘定科目	貸　方
20,000	現　金	
	買掛金	30,000
	資本金	50,000
	売　上	90,000
50,000	仕　入	
100,000	給　与	
170,000		**170,000**

合計金額は一致する！！

> 借方と貸方の合計金額が一致しなければ、仕訳が転記にミスがあるということですよ!!

残高試算表の作り方

ひろみ先生の特別レッスン vol.2
試算表作成の練習問題

次の総勘定元帳（p134-136の仕訳を転記したもの）から p149の残高試算表を作成してみよう。

※「前月繰越」とは前月の残高です。p134-136の仕訳問題にはないものです。
※丸数字はp134-136の仕訳問題の問題番号と対応しています。

【現金】

借　方	貸　方	残　高
前月繰越 350,000		
	②20,000	
	⑥30,000	
	⑦35,000	
⑧5,000		
⑪15,000		
	⑪15,000	
⑭53,000		
	⑮1,000	322,000 借残

【普通預金】

借　方	貸　方	残　高
前月繰越 2,880,000		
①150,000		
③250,000		
	④100,000	
	⑤150,000	
	⑨127,000	
	⑪15,000	
	⑫87,000	2,801,000 借残

【受取手形】

借　方	貸　方	残　高
前月繰越 560,000		
	③250,000	310,000 借残

【売掛金】

借　方	貸　方	残　高
前月繰越 960,000		
	①150,000	
⑩350,000		
	⑩50,000	1,110,000 借残

【仮払金】

借　方	貸　方	残　高
前月繰越 200,000		
	⑧200,000	0

【工具器具備品】

借　方	貸　方	残　高
⑬300,000		300,000 借残

試算表を実際に作ってみましょう。
ここでは、p134～136の仕訳をもとに残高試算表を作成します。
p149の残高試算表を作成しよう！

【短期貸付金】

借　方	貸　方	残　高
前月繰越 50,000		
	⑭50,000	0

【支払手形】

借　方	貸　方	残　高
	前月繰越 620,000	
⑤150,000		470,000 貸残

【買掛金】

借　方	貸　方	残　高
	前月繰越 880,000	
④100,000		780,000 貸残

【未払金】

借　方	貸　方	残　高
	前月繰越 100,000	
②20,000		
	⑬300,000	380,000 貸残

【預り金】

借　方	貸　方	残　高
	前月繰越 15,000	
⑪15,000		0

【長期借入金】

借　方	貸　方	残　高
	前月繰越 1,248,000	
⑫78,000		1,170,000 貸残

【売上】

借　方	貸　方	残　高
	⑩350,000	
⑩50,000		300,000 貸残

【受取利息】

借　方	貸　方	残　高
	⑭3,000	3,000 貸残

【仕入】

借　方	貸　方	残　高
⑧185,000		185,000 借残

【交際費】

借　方	貸　方	残　高
⑥30,000		30,000 借残

【ひろみ先生の特別レッスン vol.2】試算表作成の練習問題

【旅費交通費】

借　方	貸　方	残　高
⑧10,000		10,000 借残

【消耗品費】

借　方	貸　方	残　高
⑦35,000		35,000 借残

【水道光熱費】

借　方	貸　方	残　高
⑨7,000		7,000 借残

【地代家賃】

借　方	貸　方	残　高
⑨120,000		120,000 借残

【現金過不足】

借　方	貸　方	残　高
⑮1,000		1,000 借残

【支払利息】

借　方	貸　方	残　高
⑫9,000		9,000 借残

※資本金と繰越利益剰余金の総勘定元帳は省略しています。

残高試算表

借方	勘定科目	貸方
322,000	現　金	
2,801,000	普通預金	
310,000	受取手形	
1,110,000	売掛金	
300,000	備　品	
	支払手形	470,000
	買掛金	780,000
	未払金	380,000
	長期借入金	1,170,000
	資本金	1,500,000
	繰越利益剰余金	637,000
	売　上	300,000
	受取利息	3,000
185,000	仕　入	
30,000	交際費	
10,000	旅費交通費	
35,000	消耗品費	
7,000	水道光熱費	
120,000	地代家賃	
1,000	現金過不足	
9,000	支払利息	
5,240,000		5,240,000

PART 5 決算の手順を学ぼう！

決算整理って何？

試算表を作成したら、決算整理を行います。
簿記では発生主義の原則や費用収益対応の原則があり、
その期の売上と費用を対応させなければいけません。その手続きが、決算整理です。

決算整理には何がある？

試算表
⇩
決算整理

試算表を作成したら、次は決算整理です。

決算整理って？

簿記では**その期の費用と収益を対応**させなければいけません。しかし、日々の仕訳はその時々のお金とものの流れを記録しているだけです。

決算整理では、翌期以降のものが混ざっていないかなどを整理するのですよ。

なるほど〜。
でも具体的にどんな作業をするのですか?

決算整理でも仕訳を行います。
主に以下のようなものがありますよ。

主な決算整理

売上原価の計算　P152〜155
減価償却費の計算　P156〜159
費用・収益の繰延　P160〜163
費用・収益の見越　P164〜169
貸倒引当金繰入の計算　P172〜175
有価証券の評価替え
現金過不足を雑収入・雑損失に振替など

決算整理の仕訳については、次のページから詳しく解説しますよ。

決算整理って何? | 151

PART 5 決算の手順を学ぼう！

売上原価の計算って？

売上と仕入についても、当期分として対応させて正しい儲けを計算しなければいけません。
売上原価の計算は、一般的に3分法というものを使います。
3分法は、仕入・売上・繰越商品という3つの勘定を用います。

売上原価は3分法で計算する

決算整理では、売上と仕入についても当期の分を対応させて、正しい儲けに修正しなければいけません。

当期に仕入れたけど、売れ残ったものは翌期に繰り越すってことですか？

そうです！！

すばらしい成長よさち子さん!!

だいぶわかってきたようだな

…ぶちょう…見えてます…

商品売買の儲けは、売上から売上原価を引いたもので この儲けを売上総利益といいます。
売上原価は当期仕入と繰越商品（在庫）で計算します。

計算方法は、通常3分法を使います。
3分法とは仕入、売上、繰越商品という3つの勘定科目を使うもの。

どんな風に計算するのですか？

hanaが、1個100円のコースターを10個仕入れて、1個150円で8個を当期に売ったとしましょう。

10個仕入
仕入 1,000 / 現金 1,000

8個売上
現金 1,200 / 売上 1,200

決算整理
⇒ 繰越商品 200 / 仕入 200

10個仕入れたものを8個売ったので、商品が2個残っています。つまり200円が繰越商品。
また、1,000円分を仕入れたけど当期の売上に対応するのは800円。
よってその800円が売上原価になります。

3分法では当期の仕入れを期中は全額費用としています。
商品という資産が増加し、仕入という費用が取消されることで、
繰越商品と当期売上に対応する売上原価が計算されることになります。

PART 5 【決算整理の実践】 決算の手順を学ぼう！

Question
期末に売れ残った商品はどうするの？

- 売れ残った商品は、それとこれとあれと…。
- ちゃんと在庫の整理をしておいたら、決算のときがラクだろう？
- はい、ありがとうございました。
- 決算整理ではどう処理するんでしたっけ？
- 結局、24万円の在庫が残ったんですけど…。
- おれに聞くなよ。

「繰越商品」の仕訳として処理します。

仕入れた商品は、期末までにすべてが売れるわけではありません。仕入れた商品が、期末（決算日）まで売れずに残ったときには繰越商品（くりこししょうひん）という勘定科目を使います。

期末に24万円の商品が残った！　というケース

繰越商品という資産が24万円増加し（理由）、
仕入という費用24万円を取り消します（結果）。
資産の増加は借方、費用の取消は貸方に振りわけます。

Check!
損益計算書の表示は？
売上原価の表示は仕入を当期仕入額、期首在庫を期首商品棚卸高、期末在庫を期末商品棚卸高と表示できます。
売上原価は下記計算式で計算します。
売上原価
＝期首商品棚卸高＋仕入－期末商品棚卸高

仕訳のルール！

借方	貸方
資産（+）	資産（−）
負債（−）	負債（+）
純資産（−）	純資産（+）
収益（−）	収益（+）
費用（+）	費用（−）

繰越商品
24万円の増加
（資産の+）

仕入
24万円の取消
（費用の−）

借方	貸方
繰越商品 240,000	仕入 240,000

【決算整理の実践】繰越商品の仕訳

PART 5 決算の手順を学ぼう！

減価償却って何？

決算整理に欠かせない仕訳が減価償却。
一見難しいことのようにみえますが、
その意味と計算式を覚えれば、とてもカンタンです。

長期資産を当期分に対応させる

先生、減価償却の仕訳って何ですか？

言葉だけですでに拒否反応のさちる子

減価償却は決算整理には欠かせない大事な仕訳ですよ。

例えば車などを購入して一度に代金を支払っても、その年にすべての金額が費用とされることはほとんどありません。

なぜなら車は長期にわたって、会社の売上を上げるのに貢献してくれるだろ？そうすると、購入した年だけで費用にすると、その期の収益と費用のバランスが崩れるんだ。

いつのまに！？

なるほど～
てれるな―
この～たとえ上手!!

このように長期にわたって使う資産は、想定される利用可能年数（これを**耐用年数**という）で分割して費用に計算します。

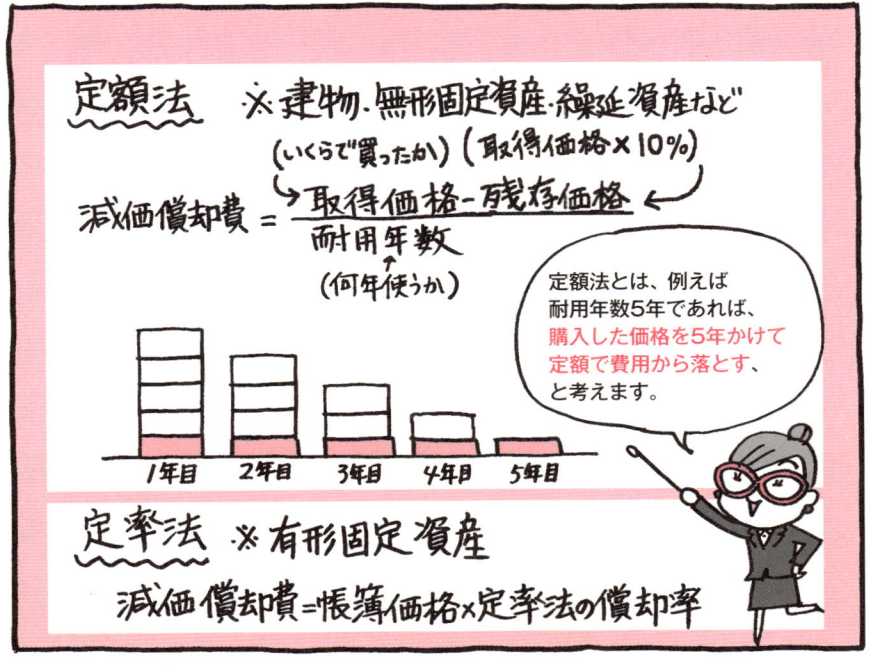

でも、どんな風に計算するのですか？

減価償却の計算方法は資産の種類によって計算方法が異なるのですが、主に**定額法**と**定率法**というものを使います。

定額法 ※建物・無形固定資産・繰延資産など

減価償却費 = （取得価格 − 残存価格） / 耐用年数

（いくらで買ったか）（取得価格×10%）
（何年使うか）

1年目　2年目　3年目　4年目　5年目

定額法とは、例えば耐用年数5年であれば、**購入した価格を5年かけて定額で費用から落とす**、と考えます。

定率法 ※有形固定資産

減価償却費 = 帳簿価格 × 定率法の償却率

PART 5 【決算整理の実践】 決算の手順を学ぼう！

Question

車の減価償却費はどう計算する？

減価償却にあたるものって、うちの会社では何があるんだろ？

店舗は借りているものだから家賃だし〜

あ！車ですね！会社を立ち上げてすぐに中古車を30万円で買いました！！

耐用年数は？法律で決まっているけどな。

…何年かな？

乗用車は6年。hanaの場合は中古車なのでその計算をすると4年ね。

車は定率法で計算するのが一般的ですが、どれくらい違うのか、定額法と定率法の両方で計算してみましょう！

定額法と定率法は覚えてね！

A「減価償却費」の仕訳として処理します。

車や建物など長期に渡って使用するものは、耐用年数（資産の種類ごとに法律で決められている年数）を使って、当期分に対応させます。これを減価償却費（げんかしょうきゃくひ）といいます。

期首に購入した中古車30万円を耐用年数4年で、直接法で減価償却する！　というケース

※直接法とは資産から減価償却費を直接減額する表示方法のこと。

定率法の場合

定率法の計算式にあてはめましょう。

帳簿価格×定率法の償却率
＝300,000円×0.625＝187,500円

つまり初年度187,500円の費用が発生します。

減価償却費187,500円という費用が発生し（理由）、車両運搬具という資産が187,500円減少します（結果）。費用の発生は借方、資産の減少は貸方に振りわけます。

減価償却費　　　車両運搬具
187,500円の発生　187,500円の減少
（費用の＋）　　　（資産の－）

借方	貸方
減価償却費 187,500	車両運搬具 187,500

定率法はできるだけ早期に費用化します。

定額法の場合

定額法の計算式にあてはめましょう。

（取得価格－残存価格）÷耐用年数
＝（300,000円－0円）÷4年＝75,000円

つまり1年間で75,000円の費用が発生します。

※現行の法人税法（2009年9月現在）に合わせて残存価額をゼロで計算しています。

減価償却費75,000円という費用が発生し（理由）、車両運搬具という資産が75,000円減少します（結果）。費用の発生は借方、資産の減少は貸方に振りわけます。

減価償却費　　　車両運搬具
75,000円の発生　75,000円の減少
（費用の＋）　　　（資産の－）

借方	貸方
減価償却費 75,000	車両運搬具 75,000

定額法は毎期定額で費用化します。

【決算整理の実践】減価償却費の仕訳

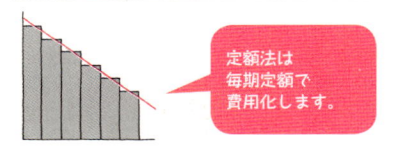

PART 5 決算の手順を学ぼう！

費用の繰延と収益の繰延って？

当期に計上されているのに、実は翌期以降にあたる費用や収益というものがあります。
これらについては、「費用の繰延」「収益の繰延」として
決算整理を行います。

翌期以降に計上されるはずの費用や収益のこと

> うーん…
> だめだわかんない!!
> 先生、繰延って何ですか？

> 決算書は、当期の損益を示すものでしたね。
> はい。

> 日々の仕訳では、そのときのお金とものの流れだけを記録していますが、翌月以降の費用や収益を含んでいるものがあります。
> 例えばどういうものですか？

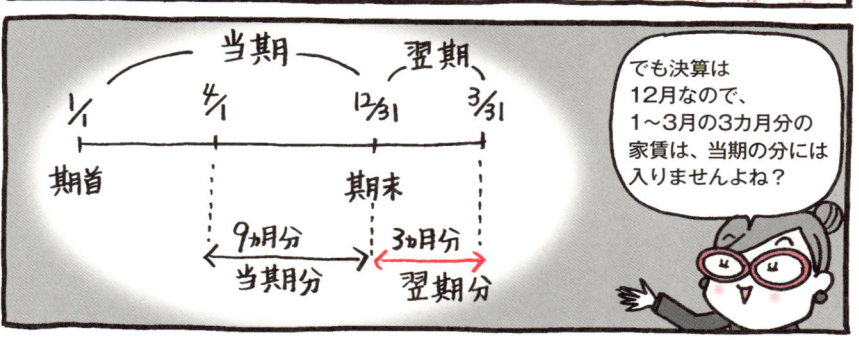

仮に決算日が12月末だったとしましょう。しかし家賃が発生したのは4月からで、最初にまとめて1年分支払っています。

でも決算は12月なので、1〜3月の3カ月分の家賃は、当期の分には入りませんよね？

なるほど。この3カ月分の家賃を繰り延べするわけですね？

そう！家賃は費用なので、**費用の繰延**。同じように収益は**収益の繰延**というんですよ。

費用の繰延は前払費用、収益の繰延は前受収益になります！

PART 5 【決算整理の実践】 決算の手順を学ぼう！

Question

期首に2年分の保険料をまとめて支払っていたら？

保証期間2年、年額24万円…。

火災保険に加入

借方	貸方
支払保険料 240,000	現金 240,000

※P128参照!!

2年分の火災保険料を、24万円まとめて支払った…ということは？

前払いで、翌期の火災保険料を支払っているということ！！

そうです！！ だから、費用の繰延として決算整理しましょう。

はい！

「費用の繰延」の仕訳として処理します。

当期の費用として支払っていて、そのうち一部は翌期の費用となるものは、費用の繰延（ひようのくりのべ）として決算整理します。
繰延は収益についても同じです。

2年間分の火災保険料24万円をまとめて支払った！　というケース

前払保険料12万円という資産が増加し（理由）、
支払保険料12万円という費用が取消になります（結果）。
資産の増加は借方、費用の取消は貸方に振りわけます。

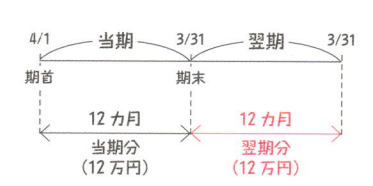

仕訳のルール！

借方	貸方
資産 (+)	資産 (−)
負債 (−)	負債 (+)
純資産 (−)	純資産 (+)
収益 (−)	収益 (+)
費用 (+)	費用 (−)

```
4/1      当期    3/31    翌期    3/31
期首             期末
       12カ月         12カ月
       当期分         翌期分
       (12万円)       (12万円)
```

前払保険料
12万円の増加
（資産の＋）

保険料
12万円の減少
（費用の−）

借方	貸方
前払保険料 120,000	支払保険料 120,000

【決算整理の実践】費用の繰延の仕訳

PART 5 決算の手順を学ぼう！

費用の見越と収益の見越って？

当期にあたるのに、計上されていない費用や収益というものがあります。
これらについては、「費用の見越」「収益の見越」として
決算整理を行います。

■当期に計上されるはずの費用や収益のこと

> 費用と収益の繰延については
> 先ほど学びましたね？
> ※P160～163参照
>
> はい！！

> それとセットで
> 覚えてほしいのが、
> 費用と収益の見越です。
>
> 見越？
>
> どうして こんなに 難しい言葉が 多いんだろう…？

> 繰延は、翌期以降の分で
> 既に支払っているものでした。
> 見越は、まだ支払いは
> していないけれど、当期分に
> なるというものです。

> 例えば当期に銀行からお金を借りて、
> 決算から3カ月後に利息はまとめて
> 返済することになっていたとしましょう。
> この場合、お金はまだ支払っていないので
> 利息の記帳はされていません。

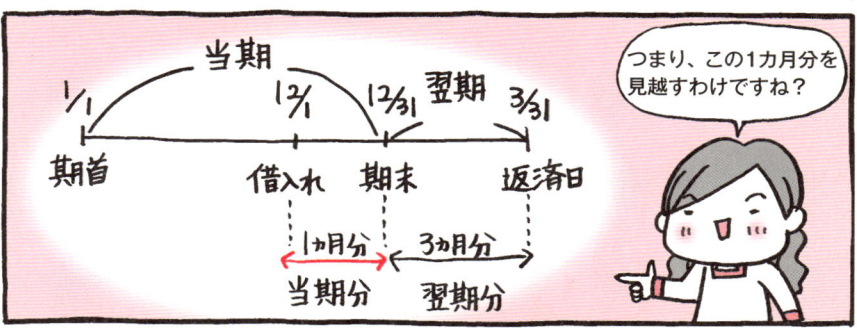

でも実質、利息は当期から発生しているものだから、当期分は計上するということですか?

そうです!

つまり、この1カ月分を見越すわけですね?

当期 / 翌期
1/1 期首 — 12/1 借入れ — 12/31 期末 — 3/31 返済日
1カ月分(当期分) / 3カ月分(翌期分)

利息は費用なので、費用の見越。同じように収益は収益の見越というんですよ。

Good!!

費用の見越は未払費用、収益の見越は未収収益となります。

費用の見越と収益の見越って?

PART 5 【決算整理の実践】 決算の手順を学ぼう！

Question

決算をはさんでお金を借りていたら？

先生…、実は私…。

10月に、母から1年後に返済する約束でお金を借りているんです。

藤木部長に嫌味いわれそうで、なんとなくいい出せなくて…

はあ？

そうだったの？どれくらいの額？利息は？

100万円で年利2％で借りました。

返済は1年後なのね？

はい…。

ちょうど決算をはさむので、利息の見越が必要ですよね？

「費用の見越」の仕訳として処理します。

未払いのもので当期には計上していなくても、そのうち一部は当期の費用となるものは、費用の見越（ひようのみこし）として決算整理します。見越は収益についても同じです。

1年後返済の約束で100万円を年利2％で借り、利息は後払いである！　というケース

年利2％なので、2万円（100万円×2％）の利息で、
当期分は6カ月分なので1万円。
支払利息1万円という費用が発生し（理由）、
よって、未払利息1万円という負債が増加します（結果）。
費用の発生は借方、負債の増加は貸方に振りわけます。

仕訳のルール！

借方	貸方
資産 (＋)	資産 (−)
負債 (−)	負債 (＋)
純資産 (−)	純資産 (＋)
収益 (−)	収益 (＋)
費用 (＋)	費用 (−)

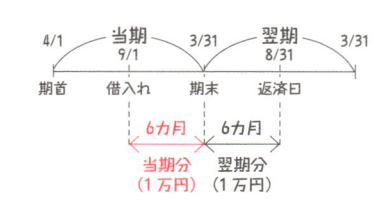

4/1　当期　　　　3/31　翌期　　　3/31
期首　借入れ　　期末　　　　返済日
　　　9/1　　　　　　　8/31
　　　　　6カ月　　6カ月
　　　　当期分　翌期分
　　　　（1万円）（1万円）

支払利息 10,000円の増加（費用の＋）　　**未払利息** 10,000円の減少（負債の＋）

借方	貸方
支払利息 10,000	未払利息 10,000

【決算整理の実践】費用の見越の仕訳

PART 5 【決算整理の実践】 決算の手順を学ぼう！

Question

会社が決算をはさんで社長にお金を貸したら？

美顔器を買ったときのお金を返せないんですけど、どうすればいいですか？

部長に貸付金といわれたのですが…

さち子さんは4月に会社から30万円借りましたね。会社からの貸付金には一定の利息がかかります。

今回は年利2％として…いつ返済しますか？

来年の6月には30万円と利息を合わせて、必ず…。

「収益の見越」の仕訳として処理します。

未収のもので当期には計上していなくても、そのうち一部は当期の収益となるものは、収益の見越として決算整理します。
p167 では費用の見越でしたが、ここでは未収利息なので収益の見越になります。

> **4月に購入した美顔器の代金30万円を、年利2%で翌期の6月に返済することにした！** というケース

利息は年利2%なので、当期分が6,000円（30万円×2%）と翌期分が1,500円。
利息も翌期の6月に支払いますが、当期分の利息は未収利息として見越します。
よって、受取利息6,000円という収益が発生し（理由）、
未収利息6,000円という資産が増加します（結果）。
資産の増加は借方、収益の発生は貸方に振りわけます。

```
4/1              3/31        6/31
借入れ            期末         返済日
|――――12ヵ月――――|―3ヵ月―|
    当期分       翌期分
   (6,000円)   (1,500円)
```

仕訳のルール！

借方	貸方
資産 (+)	資産 (−)
負債 (−)	負債 (+)
純資産 (−)	純資産 (+)
収益 (−)	収益 (+)
費用 (+)	費用 (−)

未収利息 6,000円の増加（資産の＋）
受取利息 6,000円の発生（収益の＋）

借方	貸方
未収利息 6,000	受取利息 6,000

【決算整理の実践】収益の見越の仕訳

PART 5 【番外編】 決算の手順を学ぼう！

Question
決算整理した仕訳は翌期にどう繰り越す？

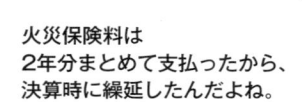

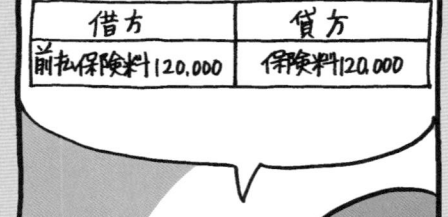

火災保険料は2年分まとめて支払ったから、決算時に繰延したんだよね。

借方	貸方
前払保険料 120,000	保険料 120,000

決算整理で見越しや繰延べしたものは、翌期になって忘れてしまわないように、翌期の最初に再振替の仕訳といって、決算整理と逆の仕訳を行います。

再振替の仕訳？

はい。早速やってみましょう。

「再振替」の仕訳として処理します。

経過勘定項目は決算整理で資産または負債の部に記録され、翌期に繰り越されます。これらは翌期首すぐに、費用または収益の諸勘定に戻す仕訳を行います。これを再振替（さいふりかえ）といいます。

翌期の火災保険料12万円を前払いで前期末に支払っていた！ というケース

翌期には保険料12万円という費用が発生し（理由）、資産だった前払保険料は資産の減少になります（結果）。費用の発生は借方、資産の減少は貸方に振りわけます。

仕訳のルール！

借方	貸方
資産 (+)	資産 (−)
負債 (−)	負債 (+)
純資産 (−)	純資産 (+)
収益 (−)	収益 (+)
費用 (+)	費用 (−)

Check!
経過勘定項目とは？
前払費用・前受収益・未払費用・未収収益は、翌期以降にあたる費用や収益を繰延べたり、当期にあたる費用や収益を見越し計上するための項目です。この4つを経過勘定項目といったりします。

保険料
12万円の発生
（費用の＋）

前払保険料
12万円の取消
（資産の−）

借方	貸方
保険料 120,000	前払保険料 120,000

【番外編】再振替の仕訳

PART 5 決算の手順を学ぼう！

貸倒引当金繰入って何？

商品は渡しているのに、
相手先の会社が倒産したなどで、
お金の回収が見込めないときに使う勘定です。

回収が見込めないお金があるとき

先生、貸倒れって何ですか？

商品をツケで売ったり、
支払いを手形で受け取ったりしたら、
相手が倒産したときに
売掛金を回収することができなくなります。

倒産

ガー！！

このように回収
できなくなることを
貸倒れといいます。
倒産していなくても、
未払いの状況が続くなどで
貸倒れが見込めるときは、
決算時に前もって
費用として処理する
ことができます。
それが貸倒引当金繰入
という勘定ですか？
そうです。ちなみ決算までに
取引先が倒産してしまって
回収不能の場合は、
貸倒損失という勘定で
費用処理しますよ！

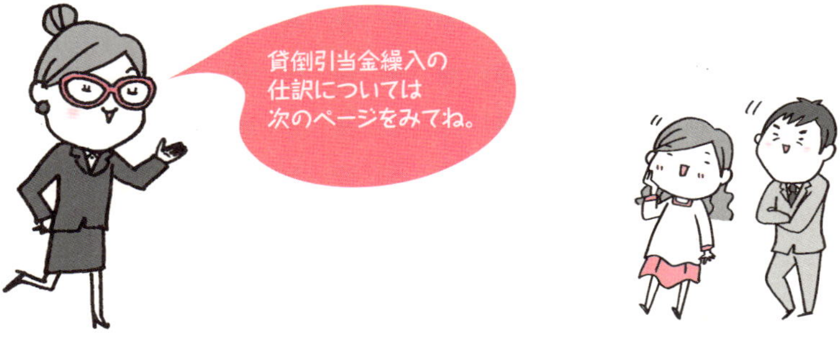
貸倒引当金繰入の
仕訳については
次のページをみてね。

PART 5 【決算整理の実践】 決算の手順を学ぼう！

Question

売掛金が残っている会社が倒産しそうなときは？

部長！！大変です！！

ぶ

ど、どうした？

仕入先から聞いた情報なんですけど、A社が倒産するかもしれません！

え！？
A社って、得意先だろ？

そうなんです。
支払が最近遅れていて、おかしいなと思っていたのですが、他店も未回収らしいんです…。

あ〜、決算前に40万円も未回収なんて…

こんにちはー！

今日は大福もってきたわ♡

先生、こういうときはどうしたらいいのですか？

「貸倒引当金繰入」の仕訳として処理します。

貸倒れが見込まれるものについては、
貸倒引当金繰入（かしだおれひきあてきんくりいれ）として
費用処理することができます。

**倒産しそうな会社の売掛金40万円に対し、
貸倒引当金10%を繰り入れる！** というケース

貸倒引当金繰入4万円という費用が発生し（理由）、
貸倒引当金4万円という資産が減少します（結果）。
費用の発生は借方、資産の減少は貸方に振りわけます。

仕訳のルール！

借方	貸方
資産 (＋)	資産 (－)
負債 (－)	負債 (＋)
純資産 (－)	純資産 (＋)
収益 (－)	収益 (＋)
費用 (＋)	費用 (－)

> 実際は法人税で貸倒引当金の限度額計算があります。

Check!
一括評価と個別評価
評価方法としては、売掛金や受取手形などの期末債権残高に一定の率をかける一括評価と、取引不能の見込みが高い一定の債権に対し個別に見積もる個別評価があります。

貸倒引当金繰入
4万円の発生
（費用の＋）
↓

貸倒引当金
4万円の減少
（資産の－）
↓

借方	貸方
貸倒引当金繰入 40,000	貸倒引当金 40,000

【決算整理の実践】貸倒引当金繰入の仕訳

貸借対照表と損益計算書の作り方

決算整理が終わったら、
簿記のゴールでもある
決算書（貸借対照表と損益計算書）の作成です。
作り方は、
決算整理後の残高試算表をそれぞれ記録するだけ！

※表中の数字は、雑貨屋 hana の仕訳例とは関係性のないものです。

> 損益計算書→
> 貸借対照表の順に
> 作りましょう！

決算整理後残高試算表

借　方	勘定科目	貸　方
500,000	現　　金	
1,000,000	普通預金	
2,000,000	売　掛　金	
300,000	工具器具備品	
	買　掛　金	200,000
	借　入　金	300,000
	資　本　金	3,000,000
	売　　上	10,000,000
5,500,000	仕　　入	
4,000,000	給　　与	
200,000	交　通　費	
13,500,000		**13,500,000**

【貸借対照表】

借　方	金　額	貸　方	金　額
現　　金	500,000	買　掛　金	200,000
普通預金	1,000,000	借　入　金	300,000
売　掛　金	2,000,000	資　本　金	3,000,000
工具器具備品	200,000	当期純利益	200,000
	3,700,000		3,700,000

資産＝負債＋純資産なので、損益計算書の当期純利益20万円がここに入ります。

【損益計算書】

借　方	金　額	貸　方	金　額
売上原価	5,500,000	売　　上	10,000,000
給　　与	4,000,000		
交　通　費	200,000		
減価償却費	100,000		
当期純利益	200,000		
	10,000,000		10,000,000

収益－費用＝純利益の計算式より、当期純利益がわかります！

よく頑張ったわね!!
できた〜!!

精算表って何？

決算の作業をスムーズにするために、精算表というものを作ることがあります。
決算の流れを1つの表にまとめるため、ミスを防ぐことができます。

※表中の数字は、雑貨屋 hana の仕訳例とは関係性のないものです。

■決算書ができるまでの流れ

精算書を作らない場合

試算表の作成 → 決算整理 → 貸借対照表・損益計算書の作成

精算書を作る場合

試算表の作成 → 精算表に転記 → 決算整理

→ 精算表に決算整理を転記 → 貸借対照表・損益計算書の作成

■精算表を作るまでの手順

1 残高試算表の勘定科目と金額、合計金額を精算表の一番左の残高試算表欄に記入します。

2 決算整理仕訳を整理記入欄に記入します。
試算表にない決算整理仕訳で新しくでてきた勘定科目は、勘定科目欄の下部に追加します。

3 1と2と計算したものを、それぞれ損益計算書と貸借対照表へ記入します。

4 損益計算書欄の借方と貸方の差額を計算します。
勘定科目は借方残なら当期純利益、貸方残なら当期純損失。
貸借対照表では同額で反対の位置に表示されます。

> 精算表は該当箇所に数字を入れるだけで、全部の欄を埋めるわけではないのね。

精算表

勘定科目	残高試算表 借方	残高試算表 貸方	整理記入 借方	整理記入 貸方	損益計算書 借方	損益計算書 貸方	貸借対照表 借方	貸借対照表 貸方
現　金	500,000						500,000	
普通預金	1,000,000						1,000,000	
売掛金	2,000,000						2,000,000	
工具器具備品	300,000			100,000			200,000	
買掛金		200,000						200,000
借入金		300,000						300,000
資本金		3,000,000						3,000,000
売　上		10,000,000				10,000,000		
仕　入	5,500,000				5,500,000			
給　与	4,000,000				4,000,000			
交通費	200,000				200,000			
減価償却費			100,000		100,000			
当期純利益					200,000			200,000
	13,500,000	13,500,000	100,000	100,000	10,000,000	10,000,000	3,700,000	3,700,000

> 残高試算表欄、整理記入欄、損益計算書欄、貸借対照表欄の借方、貸方は、それぞれの欄で貸借が必ず一致します。逆にいえば転記もれ（記入もれ）や計算間違いの可能性があるということ！

ひろみ先生の特別講座 vol.3
発生主義の原則と費用収益対応の原則

損益計算書は会社の儲けを明らかにするものですが、
一会計期間に属するすべての収益とこれに対応するすべての費用と記載することになっています。
これは、「発生主義の原則」と「費用収益対応の原則」によるものです。
この原則は、法律とは別に実務上の慣習として発達してきたルールで、
企業会計原則といわれるものの中に記されています。

「発生主義の原則」とは？	「すべての費用および収益はその支出および収入に基づいて計上し、その発生した期間に正しく割り当てられるように処理しなければならない」という会計のルールです。 決算整理で行う減価償却や費用収益の見越・繰延などは、ある会計期間に支出および収入したものを、その期の費用および収益に割り当てるもので、まさにこの原則に基づいています。
「費用収益対応の原則」とは？	「費用収益対応の原則」とは、収益項目とそれに関連する費用項目とを損益計算書に対応表示しなければならないというものです。 決算整理で行う売上原価の計算は、当期の売上に対応する費用を計算するための手法です。

> 簿記では費用と収益という言葉を使うけど、支出と収入がイコールでないのは、こうした期間対応の考え方があるからなのですね。

付録
簿記の流れの総まとめ
〜雑貨屋hanaの仕訳から決算書ができるまで〜

簿記の流れを
1度にみれる!!

STEP1 仕訳

雑貨屋hanaの1年間の取引とその仕訳

決算書を作るまでの流れはp140-141をみてね!

	取引	借方	貸方
1	資本金100万円で会社を設立した。	普通預金 1,000,000	資本金 1,000,000
2	掛けで1,200万円売上げた。	売掛金 12,000,000	売上 12,000,000
3	現金で150万円売上げた。	現金 1,500,000	売上 1,500,000
4	売掛金850万円を受取手形で回収した。	受取手形 8,500,000	売掛金 8,500,000
5	売掛金286万円を普通預金で回収した。	普通預金 2,860,000	売掛金 2,860,000
6	受取手形804万円を普通預金で回収した。	普通預金 8,040,000	受取手形 8,040,000
7	掛けで560万円仕入れた。	仕入 5,600,000	買掛金 5,600,000
8	現金で38万円仕入れた。	仕入 380,000	現金 380,000
9	買掛金300万円を支払手形で支払った。	買掛金 3,000,000	支払手形 3,000,000
10	買掛金212万円を普通預金で支払った。	買掛金 2,120,000	普通預金 2,120,000

※下記数字は期中の仕訳をまとめたもので、本文中との数字と異なるところがあります。

	取引	借方	貸方
11	支払手形242万円を普通預金で支払った。	支払手形 2,420,000	普通預金 2,420,000
12	預金から200万円の現金を引き出した。	現金 2,000,000	普通預金 2,000,000
13	35万円の有価証券を現金で購入し支払手数料1万円を支払った。	有価証券 360,000	現金 360,000
14	増資100万円を資本金、100万円を資本準備金とし、普通預金に入金した。	普通預金 2,000,000	資本金 1,000,000 資本準備金 1,000,000
15	仮払金27万円を現金で支払った。	仮払金 270,000	現金 270,000
16	仮払金を仕入26万円、交通費1万円で精算した。	仕入 260,000 旅費交通費 10,000	仮払金 270,000
17	4月に創立費50万円を現金で支払った。	創立費 500,000	現金 500,000
18	現金で20万円の備品を購入した。	工具器具備品 200,000	現金 200,000
19	20万円で購入した備品を15万円で売却した。	現金 150,000 固定資産売却損 50,000	工具器具備品 200,000
20	2年分の保険料24万円を現金で支払った。	支払保険料 240,000	現金 240,000
21	150万円を長期借入し、普通預金に入金した。	普通預金 1,500,000	長期借入金 1,500,000
22	普通預金から長期借入金を30万円返済した。	長期借入金 300,000	普通預金 300,000
23	普通預金から銀行借入の利息2万円を支払った。	支払利息 20,000	普通預金 20,000
24	4月に50万円の商標権を普通預金で購入した。	商標権 500,000	普通預金 500,000
25	4月に中古車両を普通預金30万円で購入した。	車両運搬具 300,000	普通預金 300,000

取引		借方	貸方
26	社長が30万円の現金を会社から短期で借りた。	短期貸付金 300,000	現金 300,000
27	普通預金に利息が200円ついた。	普通預金 200	受取利息 200
28	購入した有価証券（13）を40万円で売却した。うち、売却手数料は1万円だった。	普通預金　390,000 支払手数料　10,000	有価証券　360,000 有価証券売却益　40,000
29	実際の現金残高が帳簿より1,000円多かった。	現金 1,000	現金過不足 1,000
30	家賃を130万円普通預金から支払った。	地代家賃 1,300,000	普通預金 1,300,000
31	消耗品432,000円を現金で支払った。	消耗品費 432,000	現金 432,000
32	消耗品28,500円をカード払いで購入した。	消耗品費 28,500	未払金 28,500
33	交際費27万円を現金で支払った。	交際費 270,000	現金 270,000
34	旅費交通費20万円を現金で支払った。	旅費交通費 200,000	現金 200,000
35	水道光熱費12万円を普通預金で支払った。	水道光熱費 120,000	普通預金 120,000
36	通信費110,200円を普通預金で支払った。	通信費 110,200	普通預金 110,200
37	給与手当400万円を普通預金で支払った。	給与手当 4,000,000	普通預金 4,000,000
38	普通預金で6万円の源泉所得税を預かった。	普通預金 60,000	預り金 60,000
39	租税公課を現金で39,000円支払った。	租税公課 39,000	現金 39,000
40	短期借入金100万円を普通預金に入金した。	普通預金 1,000,000	短期借入金 1,000,000

STEP2 総勘定元帳

雑貨屋hanaの総勘定元帳

※決算整理前の総勘定元帳です。

【 現金 】

借方	貸方	残高
③ 1,500,000		1,500,000
	⑧ 380,000	1,120,000
⑫ 2,000,000		3,120,000
	⑬ 360,000	2,760,000
	⑮ 270,000	2,490,000
	⑰ 500,000	1,990,000
	⑱ 200,000	1,790,000
⑲ 150,000		1,940,000
	⑳ 240,000	1,700,000
	㉖ 300,000	1,400,000
㉙ 1,000		1,401,000
	㉛ 432,000	969,000
	㉝ 270,000	699,000
	㉞ 200,000	499,000
	㊴ 39,000	460,000

【 普通預金 】

借方	貸方	残高
① 1,000,000		1,000,000
⑤ 2,860,000		3,860,000
⑥ 8,040,000		11,900,000
	⑩ 2,120,000	9,780,000
	⑪ 2,420,000	7,360,000
	⑫ 2,000,000	5,360,000
⑭ 2,000,000		7,360,000
㉑ 1,500,000		8,860,000
	㉒ 300,000	8,560,000
	㉓ 20,000	8,540,000
	㉔ 500,000	8,040,000
	㉕ 300,000	7,740,000
㉗ 200		7,740,200
㉘ 390,000		8,130,200
	㉚ 1,300,000	6,830,200
	㉟ 120,000	6,710,200
	㊱ 110,200	6,600,000
	㊲ 4,000,000	2,600,000
	㊳ 60,000	2,660,000
㊵ 1,000,000		3,660,000

【 受取手形 】

借方	貸方	残高
④ 8,500,000		8,500,000
	⑥ 8,040,000	460,000

【 売掛金 】

借方	貸方	残高
② 12,000,000		12,000,000
	④ 8,500,000	3,500,000
	⑤ 2,860,000	640,000

【 有価証券 】

借方	貸方	残高
⑬ 360,000		360,000
	㉘ 360,000	0

【 短期貸付金 】

借方	貸方	残高
㉖ 300,000		300,000

【 仮払金 】

借方	貸方	残高
⑮ 270,000		270,000
	⑯ 270,000	0

【 車両運搬具 】

借方	貸方	残高
㉕ 300,000		300,000

※丸数字はp182-184の仕訳問題の問題番号と対応しています。

【 工具器具備品 】

借方	貸方	残高
⑱ 200,000		200,000
	⑲ 200,000	0

【 創立費 】

借方	貸方	残高
⑰ 500,000		500,000

【 買掛金 】

借方	貸方	残高
	⑦ 5,600,000	5,600,000
⑨ 3,000,000		2,600,000
⑩ 2,120,000		480,000

【 未払金 】

借方	貸方	残高
	㉜ 28,500	28,500

【 長期借入金 】

借方	貸方	残高
	㉑ 1,500,000	1,500,000
㉒ 300,000		1,200,000

【 資本準備金 】

借方	貸方	残高
	⑭ 1,000,000	1,000,000

【 仕入 】

借方	貸方	残高
⑦ 5,600,000		5,600,000
⑧ 380,000		5,980,000
⑯ 260,000		6,240,000

【 商標権 】

借方	貸方	残高
㉔ 500,000		500,000

【 支払手形 】

借方	貸方	残高
	⑨ 3,000,000	3,000,000
⑪ 2,420,000		580,000

【 短期借入金 】

借方	貸方	残高
	㊵ 1,000,000	1,000,000

【 預り金 】

借方	貸方	残高
	㊳ 60,000	60,000

【 資本金 】

借方	貸方	残高
	① 1,000,000	1,000,000
	⑭ 1,000,000	2,000,000

【 売上 】

借方	貸方	残高
	② 12,000,000	12,000,000
	③ 1,500,000	13,500,000

【 給与手当 】

借方	貸方	残高
㊲ 4,000,000		4,000,000

【 交際費 】		
借方	貸方	残高
㉝ 270,000		270,000

【 旅費交通費 】		
借方	貸方	残高
⑯ 10,000		10,000
㉞ 200,000		210,000

【 通信費 】		
借方	貸方	残高
㊱ 110,200		110,200

【 消耗品費 】		
借方	貸方	残高
㉛ 432,000		432,000
㉜ 28,500		460,500

【 水道光熱費 】		
借方	貸方	残高
㉟ 120,000		120,000

【 支払手数料 】		
借方	貸方	残高
㉘ 10,000		10,000

【 地代家賃 】		
借方	貸方	残高
㉚ 1,300,000		1,300,000

【 支払保険料 】		
借方	貸方	残高
⑳ 240,000		240,000

【 租税公課 】		
借方	貸方	残高
㊴ 39,000		39,000

【 受取利息 】		
借方	貸方	残高
	㉗ 200	200

【 有価証券売却益 】		
借方	貸方	残高
	㉘ 40,000	40,000

【 現金過不足 】		
借方	貸方	残高
	㉙ 1,000	1,000

【 支払利息 】		
借方	貸方	残高
㉓ 20,000		20,000

【 固定資産売却損 】		
借方	貸方	残高
⑲ 50,000		50,000

※丸数字は p182-184 の仕訳問題の問題番号と対応しています。

STEP 3 決算整理前残高試算表

雑貨屋hanaの決算整理前残高試算表

【決算整理前残高試算表】

借 方	勘定科目	貸 方
460,000	現金	
3,660,000	普通預金	
460,000	受取手形	
640,000	売掛金	
300,000	短期貸付金	
300,000	車両運搬具	
500,000	商標権	
500,000	創立費	
	支払手形	580,000
	買掛金	480,000
	短期借入金	1,000,000
	未払金	28,500
	預り金	60,000
	長期借入金	1,200,000
	資本金	2,000,000
	資本準備金	1,000,000
	売上	13,500,000
6,240,000	仕入	
4,000,000	給与手当	
270,000	交際費	
210,000	旅費交通費	
110,200	通信費	
460,500	消耗品費	
120,000	水道光熱費	
10,000	支払手数料	
1,300,000	地代家賃	
240,000	支払保険料	
39,000	租税公課	
	受取利息	200
	有価証券売却益	40,000
	現金過不足	1,000
20,000	支払利息	
50,000	固定資産売却損	
19,889,700		19,889,700

STEP 4 決算整理

雑貨屋hanaの決算整理

	取引	借方	貸方
1	期末繰越商品が24万円だった。	繰越商品 240,000	仕入 240,000
2	車両運搬具の減価償却費の計算で耐用年数は4年（償却率0.625）だった。	減価償却費 187,500	車両運搬具 187,500
3	無形固定資産（商標権）の償却をした。 ※定額法（耐用年数10年）	商標権償却 50,000	商標権 50,000
4	繰延資産（創立費）を償却した。 ※定額法（耐用年数5年）	創立費償却 100,000	創立費 100,000
5	10月に100万円借入れ、1年後に年利2％の利息で後払い返済する予定にした。	支払利息 10,000	未払利息 10,000
6	4月に30万円貸付け、翌期の9月に年利2％の利息とともに返済してもらう予定にした。	未収利息 6,000	受取利息 6,000
7	1カ月前払している家賃を繰り延べた。	前払家賃 100,000	地代家賃 100,000
8	4月に24万円支払った2年分の火災保険料を繰り延べた。	前払保険料 120,000	支払保険料 120,000
9	回収不能になりそうな40万円の売掛金に対し貸倒引当金を10％計上した。	貸倒引当金繰入 40,000	貸倒引当金 40,000
10	現金過不足を雑収入に振り替えた。	現金過不足 1,000	雑収入 1,000

STEP 5 決算整理後残高試算表

雑貨屋hanaの決算整理後残高試算表

※決算整理前残高試算表に決算整理の仕訳を考慮しています。

【決算整理後残高試算表】

借 方	勘定科目	貸 方
460,000	現金	
3,660,000	普通預金	
460,000	受取手形	
640,000	売掛金	
△ 40,000	貸倒引当金	
240,000	繰越商品	
300,000	短期貸付金	
100,000	前払家賃	
120,000	前払保険料	
6,000	未収利息	
112,500	車両運搬具	
450,000	商標権	
400,000	創立費	
	支払手形	580,000
	買掛金	480,000
	短期借入金	1,000,000
	未払金	28,500
	未払利息	10,000
	預り金	60,000
	長期借入金	1,200,000
	資本金	2,000,000
	資本準備金	1,000,000
	売上	13,500,000
6,000,000	仕入	
4,000,000	給与手当	
270,000	交際費	
210,000	旅費交通費	
110,200	通信費	
460,500	消耗品費	
120,000	水道光熱費	
10,000	支払手数料	
1,200,000	地代家賃	
120,000	支払保険料	
39,000	租税公課	
187,500	減価償却費	
50,000	商標権償却	
100,000	創立費償却	
40,000	貸倒引当金繰入	
	受取利息	6,200
	有価証券売却益	40,000
	雑収入	1,000
30,000	支払利息	
50,000	固定資産売却損	
19,905,700		19,905,700

STEP 6 決算書

雑貨屋hanaの貸借対照表と損益計算書

【貸借対照表】

株式会社 hana　　　　　　　　　　　　　　　　　　平成○年3月31日現在

借　方	金　額	貸　方	金　額
現金	460,000	支払手形	580,000
普通預金	3,660,000	買掛金	480,000
受取手形	460,000	短期借入金	1,000,000
売掛金	640,000	未払金	28,500
貸倒引当金	△40,000	未払利息	10,000
商品	240,000	預り金	60,000
短期貸付金	300,000	長期借入金	1,200,000
前払家賃	100,000	資本金	2,000,000
前払保険料	120,000	資本準備金	1,000,000
未収利息	6,000	当期純利益	550,000
車両運搬具	112,500		
商標権	450,000		
創立費	400,000		
	6,908,500		6,908,500

「繰越商品」貸借対照表では「商品」と記入します。

【損益計算書】

株式会社 hana　　　　　　　　　　　　　　　　　自平成○年4月1日　至平成○年3月31日

借　方	金　額	貸　方	金　額
売上原価	6,000,000	売上	13,500,000
給与手当	4,000,000	受取利息	6,200
交際費	270,000	有価証券売却益	40,000
旅費交通費	210,000	雑収入	1,000
通信費	110,200		
消耗品費	460,500		
水道光熱費	120,000		
支払手数料	10,000		
地代家賃	1,200,000		
支払保険料	120,000		
租税公課	39,000		
減価償却費	187,500		
商標権償却	50,000		
創立費償却	100,000		
貸倒引当金繰入	40,000		
支払利息	30,000		
固定資産売却損	50,000		
当期純利益	550,000		
	13,547,200		13,547,200

ここでは決算整理後の「仕入」を「売上原価」と記入します。

● 著者紹介

添田 裕美
[そえだ ひろみ]

東京生まれ。税理士。
NPO法人相続アドバイザー協議会会員。NPO法人NPO会計税務研究会NPOアカウンタント。
獨協大学外国語学部英語学科卒業。中学校と高等学校の教員免許（英語）を取得するも、税理士へ方向転換する。
平成13年に税理士登録。税理士事務所において、中小企業100社以上に関与。その後に独立し『添田裕美税理士事務所』を開設。
経営計画書作成の支援や決算分析、節税・相続対策など、中小企業経営者の身近なよき相談役として活躍中。
一人ひとりに合ったわかりやすい解説と、親身で幅広いサポートが経営者からの厚い信頼を得ている。
添田裕美税理士事務所　http://www.tenten-office.com

● マンガ

なとみ みわ
[なとみ みわ]

マンガ家&イラストレーター。
雑誌編集を経て、イラストレーター、マンガ家へと転身。
雑誌・広告・書籍・Webなどでマンガ家として、またイラストレーターとしても活躍中。著書に『子育てママのネット活用生活』（幻冬舎メディアコンサルティング）がある。
なとみ みわHP　http://www002.upp.so-net.ne.jp/natomi

● デザイン ──── 奥園 智子
● 編集協力 ──── 門司 智子

マンガでわかる！はじめての簿記入門

● 著　者 ──── 添田 裕美 [そえだ ひろみ]
● 発行者 ──── 若松 和紀
● 発行所 ──── 株式会社 西東社
〒113-0034 東京都文京区湯島2-3-13
営業部：TEL (03) 5800-3120　FAX (03) 5800-3128
編集部：TEL (03) 5800-3121　FAX (03) 5800-3125
ＵＲＬ：http://www.seitosha.co.jp/

本書の内容の一部あるいは全部を無断でコピー、データファイル化することは、法律で認められた場合をのぞき、著作者および出版社の権利を侵害することになります。第三者による電子データ化、電子書籍化はいかなる場合も認められておりません。
落丁・乱丁本は、小社「営業部」宛にご送付下さい。送料小社負担にて、お取り替えいたします。

ISBN978-4-7916-1642-8